걸어간다 살아간다

라다크·시킴

03

성장의 길,
인도 히말라야

Ladakh·Sikkim Himalaya

거칠부 지음

책구름

성장의 길,
북인도 히말라야
ⓒ거칠부 2022

1판 1쇄 발행 2022년 7월 15일

지은이 거칠부
펴낸이 정태준

편 집 김라나, 곽한나
디자인 김주연
마케팅 안세정
편집장 자현

펴낸곳 책구름 (출판등록 제2019-000021호)
팩 스 0303-3440-0429
이메일 bookcloudpub@naver.com
블로그 blog.naver.com/bookcloudpub

ISBN:979-11-979082-3-1 (03910)

성장의 길,
북인도 히말라야

Ladakh·Sikkim Himalaya

2021년 12월 31일 세상을 떠난

그리운 나의 엄마, 심상례 님께

남갈체모 곰파에서 바라본 레

언덕에 올라서자 맨몸의 땅과 레 시내가 한눈에 들어왔다. 마주 보이는 산맥은 레에서 유일하게 볼 수 있는 설산인 스톡 산맥과 스톡캉그리다. 그 뒤 어디쯤엔가 우리가 걷게 될 길도 있을 터. 어떤 길을 만날지 궁금하고 설렜다.

– Episode 01. 첫 인도, 라다크

쉴라를 출발하면서 만난 암벽

금방이라도 깨질 것 같은 붉은 벽은 섬뜩한 느낌마저 들었다. 올려다볼수록 기괴했다. 휘어지고, 뒤틀리고, 뒤집힌 암석은 모두 북쪽을 향한 조산운동의 결과였다. 히말라야를 세계 최고봉으로 만든 어마어마한 힘이었다.

– Episode 02. 위험한 동행자들

피퉁라의 보랏빛 제비고깔

최악으로 치달을 때 나는 무엇을 잃을까. 그들의 지독한 따돌림을 견디거나 트레킹 자체를 포기하거나. 왠지 무엇도 견딜 수 있을 것 같았다. 모든 것을 잃을지도 모른다고 생각하면서도 끝까지 걸을 궁리를 했다. 나의 의지를 믿었다. 내가 아닌 남을 흉내 내지는 말자. 부족해도 나여야 하고 넘쳐도 나여야 한다. 오늘도 내일도 나여야 함을 잊지 말자.

- Episode 02. 위험한 동행자들

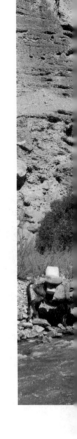

이곳의 풍경은 기이하고 독특했다. 붉던 땅이 검게 변하기도 하고, 바위산이 흙산이 되기도 했다. 멍이 든 것처럼 푸르뎅뎅한 산. 특정 광물이 자주색 반점처럼 덮고 있는 산. 커피에 아이스크림을 넣고 휘저은 것 같은 흙산도 있었다. 물빛은 청록이었다가 옥빛이었다가 회색빛이 되었다. 이곳에선 예상할 수 있는 풍경이 없었다. 무작위로 섞은 카드에서 뽑은 풍경처럼 나는 선택받은 풍경 앞에 놓였다. 눈부신 설산이 주는 경외심과는 다른 기묘함으로 가득한 땅. 천년만년 침묵하고 있었을 땅은 깊고 고요했다.

– Episode 04. 포기하는 자들과 남는 자들

호모체를 지나 만난 강에서

판당라에 도착한 노새와 말들

지금의 순간들이 언젠가는 어떻게든 연결된다. 우리는 서로에게 무엇을 남겼을까. 황량함이 가득한 이곳 히말라야에서 나는 그들의 자존심을 조금도 생각해주지 않았다. 그들의 부족한 경험을 나 몰라라 했다. 그들은 불평불만을 통해 원하는 것을 말했지만 나는 그러한 소통방식을 이해하지 못했다. 관계는 복잡하게 꼬였고 아무도 풀지 못했다. 그들은 자존심을 지키는 대신 포기를 택했다. 여행이 시작되는 순간부터 그들이 선택한 게 결과가 되었다. 생각해 보니 직장생활 17년보다 몇 년간 히말라야에서 겪은 경험이 더 강렬했다. 안전한 울타리에서 지내다 세상의 민낯을 보는 일. 그렇게 만만치 않은 세상에서 하나씩 배워가고 있다.

- Episode 04. 포기하는 자들과 남는 자들

색색의 풀이 수를 놓은 듯한 잔스카르의 가을

이곳의 산은 여러 물감을 섞어 놓은 듯 오묘
했다. 먼 옛날 해저산맥이었던 곳이 지금은
수많은 고개를 품은 산이 되었다. 마른 산
은 물을 품고 있다가 땅 위로 뱉어내고, 식
물들은 물이 있는 자리마다 어김없이 뿌리
를 내렸다.

고갯길에 올라서자 색색의 풀이 수를 놓은
듯했다. 울긋불긋 단풍이 든 것처럼 곱고 다
채로웠다. 히말라야에서 만난 풍경은 언제
나 나의 상상을 넘어섰다. 지금 내 앞에 나
타난 풍경만 해도 도무지 이해의 영역이라
할 수 없었다.

- Episode 06. 잔스카르의 붉은 가을

어떤 여행자는 티베트, 네팔, 라다크 같은 곳이 언제나 오지로 남기를 바란다. 내가 누리는 달콤한 문명의 혜택은 당연하면서도 그들은 전통을 고수하길 바란다. 여행자의 욕심이자 오만이다. 현지인들에게 발전은 기다리는 일인지도 모른다. 도로가 생기든 전기가 들어오든, 그들이 선택할 문제이고 그들의 삶이다. 그로 인해 생길 수 있는 부작용 또한 그들이 감내해야 할 몫이다.

– Episode 06. 잔스카르의 붉은 가을

사탁을 향하며 지나간 절벽 길

카마유리라 가는 길에 바라본 창탕고원

숨을 돌리고 정상에서 내려다본 창탕고원은 그야말로 사막 같았다. 그 위로 구름이 한가로이 지나며 커다란 그림자를 만들었다가 다시 사라졌다. 텅 빈 풍경. 이렇게 텅 비어 있는데도 꽉 찬 느낌이 무엇보다도 감동적이었다. 자연은 어떤 모습이든 완벽하고 조화로웠다.

– Episode 09. 유목민의 땅으로

초모리리호수를 지나며

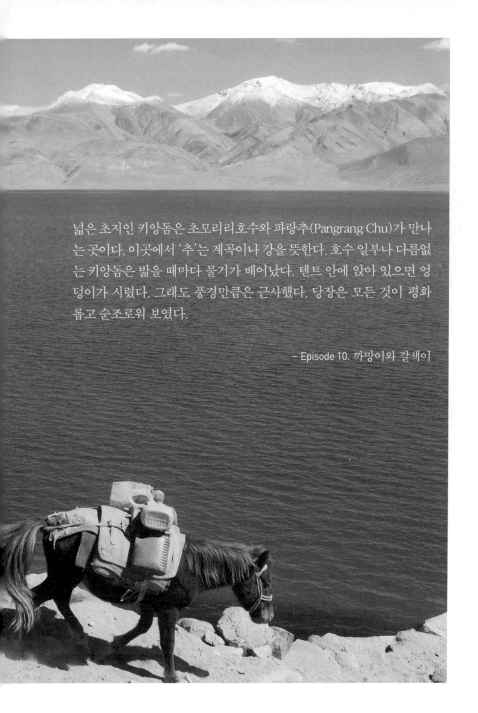

넓은 초지인 키앙돔은 초모리리호수와 파랑추(Pangrang Chu)가 만나는 곳이다. 이곳에서 '추'는 계곡이나 강을 뜻한다. 호수 일부나 다름없는 키앙돔은 밟을 때마다 물기가 배어났다. 텐트 안에 앉아 있으면 엉덩이가 시렸다. 그래도 풍경만큼은 근사했다. 당장은 모든 것이 평화롭고 순조로워 보였다.

– Episode 10. 까망이와 갈색이

타랑육마 가는 길에 장난치는 까망이와 갈색이

메마른 땅을 메마른 마음으로 걷고 있었는데, 어느 날 두 녀석이 나타났다. 녀석들은 우리를 엿새 동안 따라왔다. 때때로 앞서가고, 때때로 기다려주며 함께 걸었다. 우리와 무슨 인연이기에 이토록 먼 길을 동행하게 되었을까. 마음을 보듬어주러 온 수호신이었을까. 까망이와 갈색이는 내가 히말라야에서 만난 최고의 동행 중 하나였다.

- Episode 10. 까망이와 갈색이

나는 야영지 안쪽의 작은 돌탑으로 향했다. 그리고 배낭에서 카타(축복을 기원하는 스카프)를 꺼내 돌탑에 리본으로 묶었다. 먼저 떠난 일행들, 숱하게 넘은 높은 고개들, 까망이와 갈색이, 눈에 휩쓸려 두려움이 엄습했던 순간… 지금까지의 여정이 되살아났다. 눈을 감고 조용히 기도했다.

"여기까지 무사히 오게 해주신 모든 것에 감사드립니다."

히말라야에서 걷는 시간이 늘수록 이런 생각이 들었다. 혹시 전생에 히말라야 어디에서 살았던 게 아닐까. 이상하게 나는 히말라야 서쪽의 척박하고 황량한 풍경이 좋았다. 눈부신 설산보다 마음이 끌렸다. 메마른 풍경이 오래도록 남았다. 라다크에서 아무리 고생했어도 나는 여전히 그곳의 풍경이 좋다. 그리고 다음에도, 그다음에도 비슷한 풍경을 찾아 돌아올 것을 알고 있다.

- Episode 11. 갈 수 있을까

탈탁에서 돌탑에 묶은 카타

시킴의 중심도시인 갱톡 시내

갱톡은 도시 전체가 능선 주변에 모여 있었다. 좁고 경사진 곳에 층층이 쌓아 올린 건물들이 경이로웠다. 전체적으로 비탈이 심한 지역이라 건물 역시 계단식이었다. 한쪽은 지상이면서 한쪽은 지하인 구조였다. 영국령일 때 영향을 받아서인지, 반듯하고 빽빽하게 들어찬 건물에서 유럽의 느낌도 났다.

- Episode 13. 길 없는 길

아침에 일어나 보니 칙칙하던 산이 근사한 흰옷으로 갈아입었다. 구름은 여전히 많았지만, 날씨가 개는 것처럼 보였다. 상황을 지켜보는데 포터들이 짐을 꾸리기 시작했다. 우리도 부랴부랴 짐을 꾸렸다. 포터 2명은 야북에 남기로 했다. 두고 가는 짐을 지키기 위해서였다. 우리가 가는 방향으로 차츰 큰 산의 모습이 드러났다.

나는 히말라야를 생각하면 위대한 등반가들보다 포터들이 먼저 떠오른다. 그들은 꾸미거나 치장하지 않아도 설산과 참 잘 어울렸다. 오랫동안 산에 다닌 사람들은 함부로 산을 '정복'했다고 말하지 않는다. 누구든 산의 허락이 떨어져야만 산에 들 수 있다. 히말라야 트레킹도 마찬가지다. 하늘이 돕지 않으면 가던 길을 되돌아와야 한다. 그러니 산 앞에서는 항상 겸손해야 한다.

- Episode 14. 그린레이크는 어디에

야북에서 출발을 준비하는 포터들

시킴에서 가장 오래된 둡디곰파(Dubdi Gompa)에 들렀다. 곰파의 마당에서 쉬는데 문득 108배가 하고 싶어졌다.

불교도는 아니지만, 산행이 끝나면 종종 산사에서 절을 하곤 했다. 내가 절을 하겠다고 하자 소남이 고개를 끄덕였다. 흘러내리는 바지를 추키며 한 땀 한 땀 수를 놓듯 절을 했다. 현지 여인 셋이 미소를 지으며 절하는 외국인을 바라보았다. 소남은 '옴 마니 반메 훔(불교 진언)'을 외며 곰파 주변을 세 바퀴 돌았다.

엎드려 절을 하며 지금까지 무사히 걸어왔음을 감사드렸다. 그리고 처음으로 한 가지 소원을 빌었다. 지난 여행지에서 만났던 사람들을 더는 미워하지 않게 해달라고. 사람을 미워하는 일은 좋아하는 일보다 괴로웠다. 누군가를 미워하는 일만큼 나를 아프게 하는 것도 없었다.

– Episode 16. 모든 순간이 좋았다

고에차라 뷰포인트에서 맞이한 아침

일러두기

- 인도 지명 및 높이는 Hanish & Co.에서 만든 Ladakh & Zanskar 지도를 참고함.
- 지도에 표시되지 않은 지명은 현지인 발음에 따라 영문 표기함.
- 거리 측정은 GPS 기록 및 보폭으로 거리를 측정하는 앱을 사용함.
- 외래어는 국립국어원 '외래어 표기법'을 따르되 현지 발음을 우선함.
- 등장인물의 일부는 가명 이니셜로 씀.

내가 생각하는 인도는 지저분하고 위험한 나라였다. 왠지 가서는 안 될 곳이고, 가더라도 감당하기 어려울 것 같았다. 인도에 다녀온 사람들의 소감은 저마다 달랐다. 도대체 어떤 곳이기에 반응이 제각각인지 궁금했지만, 그게 다였다. 여전히 인도는 내게 가고 싶지 않은 나라 중 하나였다.

네팔과 파키스탄 히말라야를 횡단한 뒤였다. 문득 히말라야가 어떻게 이어지는지 궁금했다. 놀랍게도 인도는 히말라야에서 가장 많은 부분을 차지하고 있었다. 가슴이 뛰었다. 인도에 처음으로 관심이 생겼다. 새로운 희망을 발견한 것처럼 기뻤다. 나는 따질 것도 없이 그곳에 가야 한다는 결론을 내렸다. 그렇게 되자 인도라는 나라가 더는 문제가 되지 않았다. 더군다나 내가 가고 싶은 곳은 티베트 불교문화가 강한 북인도였다. 흔히 생각하는 인도와 다른 곳이었다.

2019년 파키스탄에만 가려던 계획을 대폭 수정했다. 전체 여정을 50일에서 5개월로 늘렸다. 파키스탄을 걷고 북인도 라다크와 시킴에 갔다가 네팔로 이어지는 여정이었다. 나의 히말라야는 네팔이 전부였는데 어느새 파키스탄이 추가되었고, 이제는 북인도까지 확장되었다. 여행을 준비하는 동안 그곳을 걷는 나를 한순간도 의심하지 않았다. 나에게 히말라야는 이제 당연히 가야 하는 곳이 되었다.

이 책은 2019년 북인도 라다크와 시킴 지역에서 80여 일간 보낸 이야기다. 여럿이 혹은 혼자 걸으며 겪은 일을 솔직하게 적었다. 최악과 최고의 히말라야를 모두 북인도에서 겪었다.

라다크는 산에서 만난 사람들이 호의적일 거라는 생각을 산산조각 내주었다. 마침내 계획했던 길을 모두 걸었지만, 걷기 위해 치러야 할 대가는 무서웠다. 용감했던 마음이 자포자기 심정이 되는 순간, 상처받은 고양이처럼 불안하고 너덜너덜한 마음으로 걸었다. 자발적 포기가 아닌 혹여 포기 당하는 상황이 올까 슬프고 아팠다. 다 포기하고 돌아간다고 해도 이상할 게 없는 여행이었다. 그런 나에게 유일한 희망이 된 사람이 있었다. 그 한 사람 덕분에 갈기갈기 찢길 뻔한 여행이 비로소 완성되었다.

사람들에게 상처받았던 라다크와 달리 시킴은 따뜻한 위안이 되었다. 그런 시간이 없었다면 나의 상처는 오랫동안 아물지 못했으리라. 북인도 히말라야에서 겪은 일은 상처이자 동시에 좋은 약이 되었다. 많은 생각과 반성. 성장의 시간. 히말라야에서 만난 모든 이들이 나의 스승이자 은인이었다. 시킴의 모든 순간이 좋았다.

라다크가 살벌한 냉탕이었다면, 시킴 히말라야는 감동의 온탕이었다. 생각해 보니 언제나 그랬다. 히말라야에 다녀올 때마다 꼭 하나씩 생각할 거리를 가져왔다. 글을 쓰고, 고치고 또 고치고, 그러다 보면 어느 순간 생각을 넘어 타인에 대한 이해에 닿을 때가 있다. 그러한 과정을 반복하다가 문득 부끄러워질 때, 비로소 번잡한 마음이 누그러졌다.

이 책은 여행의 시작부터 마무리까지 모든 과정을 담은 결과물이다. 부디, 독자들에게 작은 공감이나마 줄 수 있었으면 하는 바람이다.

목
차

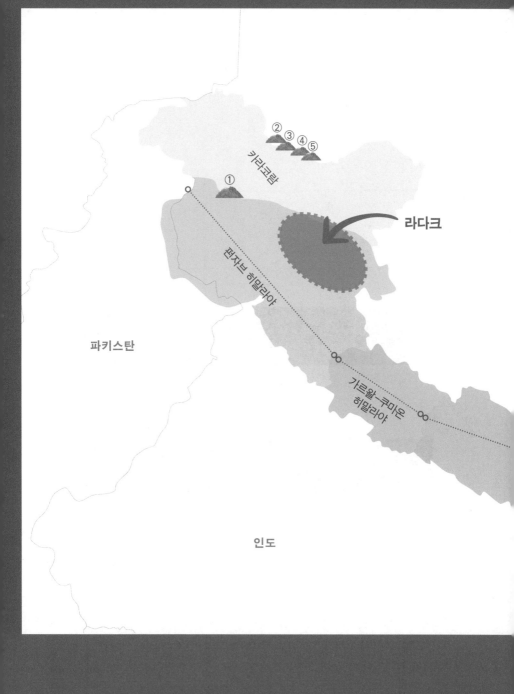

카라코람

라다크

① ② ③ ④ ⑤

펀자브 히말라야

파키스탄

가르왈-쿠마온
히말라야

인도

히말라야 산맥과 북인도 히말라야

Ladakh·Sikkim Himalaya

히말라야
14좌

① 낭가파르바트 8126m
② K2 8611m
③ 브로드피크 8047m
④ 가셔브룸 II 8035m
⑤ 가셔브룸 I 8068m
⑥ 다울라기리 8167m
⑦ 안나푸르나 8091m
⑧ 마나슬루 8163m
⑨ 시샤팡마 8046m
⑩ 초오유 8201m
⑪ 에베레스트 8850m
⑫ 로체 8516m
⑬ 마칼루 8463m
⑭ 칸첸중가 8856m

중국
(티베트)

시킴

네팔 히말라야

시킴
히말라야

부탄 히말라야

아삼 히말라야

※ 이해를 돕기 위한 그림으로 히말라야는 중국 국경까지만 표시함.

히말라야 산맥과 북인도 히말라야

Ladakh·Sikkim Himalaya

'눈의 거처'라는 뜻의 히말라야는, 4500만 년 전부터 남쪽의 인도대륙과 북쪽의 유라시아 대륙 충돌로 바다가 융기하면서 형성됐다. 히말라야 산맥은 서쪽 인더스(Indus)강과 동쪽 브라마푸트라(Brahmaputra)강을 경계로 무려 2400킬로미터가 쭉 뻗어 있다. 지구상에서 가장 높은 산맥이다. 파키스탄 낭가파르바트(Nanga Parbat 8126미터)부터 티베트의 남 차바르와(Namcha Barwa 7762미터)까지, 북서쪽에서 남동 방향으로 활 모양을 그리며 뻗어나간다. 이 젊은 산맥은 여전히 융기 중이다. 지금까지도 인도 쪽이 티베트 쪽을 매년 5센티미터씩 밀어 올리고 있다. 히말라야 산맥은 1년에 1센티미터씩 높아지고 있다. 현재는 에베레스트(Everest 8850미터)가 세계 최고봉이지만, 히말라야 서쪽 끝의 낭가파르바트 가 빠르게 높아지고 있어 언젠가는 세계 최고봉이 바뀔 수도 있다.

히말라야는 극지방을 제외하고 세계에서 가장 큰 빙하지대와 그로 인해 생성된 깊은 골짜기가 있다. 인류 문명의 발상지였던 인더스, 갠지스(Ganges)와 브라마푸트라강이 히말라야에서 시작한다. 이 세 강의 유역에 세계 인구의 1/6이 살고 있다.

일반적으로 히말라야를 소개할 때는 파키스탄의 카라코람(Karakoram) 산맥을 포함한다. 히말라야와 마찬가지로 유라시아 지각판의 충돌로 인한 조산운동으로 생겨났고, 지질학적으로도 같기 때문이다. 히말라야 8000미터 급 고봉 14개(이하 히말라야 14좌) 중 4개가 카라코람에 있다는 것도 중요한 이유다. 하지만 여기서는 편의상 카라코람을 제외한 히말라야를 서쪽부터 6개 권역으로 나누었다.

히말라야 산맥의 핵심은 네팔이지만, 히말라야의 많은 부분은 인도가 차지한다. 펀자브 일부와 가르왈-쿠마온, 시킴, 아삼 지역이 모두 인도에 속한다. 이 책에서 언급하는 지역은 펀자브 히말라야의 카슈미르(Kashmir) 지역 라다크와 네팔과 부탄 사이의 시킴 히말라야다.

펀자브(Punjab) 히말라야

2900킬로미터의 인더스강은 수계 대부분이 파키스탄 땅으로 흐르지만, '인도'라는 이름의 뿌리가 된 강이다. 이 강을 경계로 북동쪽은 카라코람 산맥, 남쪽은 펀자브 히말라야다. 펀자브는 '다섯 강의 땅'이라는 뜻으로 인더스강 동부의 5개 지류(젤룸, 체나브, 라비, 베아스, 수틀레) 유역에 걸친 비옥한 평원지대를 말한다. 히말라야 산맥 서쪽 끝에 있으며, 히말라야 14좌 중 낭가파르바트가 이곳에 있다. 북동쪽의 카라코람 산맥에는 K2(8611미터), 가셔브룸 I(Gasherbrum I 8068미터), 가셔브룸 II(Gasherbrum II 8035미터), 브로드피크(Broad Pk. 8047미터)가 모여 있다.

펀자브 히말라야는 인더스강으로 나뉘는 카슈미르 지역의 서남단 히말라야를 모두 포함한다. 지리적으로 인더스강과 수틀레지강에 의해 나뉜다. 하지만 최근에는 영유권 분쟁으로 파키스탄령을 펀자브 히말라야로, 인도령을 카슈미르 히말라야로 분류하기도 한다.

카슈미르의 산은 다른 히말라야 지역보다 낮은 편이다. 주로 5000~6000미터 정도이다. 7000미터가 넘는 산으로는 히말라야 산맥에 있는 눈(Nun 7135미터)과 쿤(Kun 7077미터)이 유일하다.

인더스강을 기준으로 북쪽에는 라다크 산맥이 있고, 남쪽에는 잔스카르 산맥이 있다. 라다크 산맥은 카라코람 산맥과 분리되지만, 산세는 시아첸빙하(Siachen Glacier)와 발토로 빙하(Baltoro Glacier) 산권으로 연결된다. 잔스카르 산맥의 최고봉은 레오파르기알(Leo Pargial 6791미터)이다. 레오파르기알의 정상부는 인도와 중국 간에 국경 분쟁이 벌어지는 곳이자, 1817년 진정한 히말라야 등반이 최초로 시도된 곳이다.

가르왈-쿠마온(Garhwal-Kumaon) 히말라야

인도 히말라야로, 네팔 서부 국경인 칼리(Kali)강에서 인더스강의 지류인 수틀레지(Sutlej) 강 사이에 있다. 줌나(Jumna)강과 갠지스강, 여러 산이 시작되는 지역이라 힌두교에서 신성하게 여긴다. 이 지역에서 가장 신성한 산은 티베트의 카일라스(Kailas 6660미터)이다. 시바 신의 옥좌이자 세계의 중심이라 여겨지는 산이다. 인도에서 가장 아름다운 산인 난다데비(Nada Devi 7816미터)는 시바 신의 배우자인 파르바티 신의 옥좌로 받들어진다. 가르왈-쿠마온은 히말라야 삼나무 숲과 꽃이 피는 초원이 있어 히말라야 지역 중 스위스 알프스와 가장 비슷하다. 아름답고 접근하기 쉬운 봉우리가 많아 일찍부터 등반이 시작되었다. 히말라야에서 영국이 유일하게 직접 지배한 곳이기도 하다.

네팔(Nepal) 히말라야

네팔은 히말라야 전체 길이의 3분의 1을 차지한다. 히말라야 산맥의 핵심 구간으로 에베레스트, 칸첸중가(Kanchenjunga 8586미터), 로체(Lhotse 8516미터), 마칼루(Makalu 8463미터), 다울라기리(Dhaulagiri 8167미터), 마나슬루(Manaslu 8163미터), 안나푸르나(Annapurna 8091미터), 초오유(Cho Oyu 8021미터)까지 히말라야 14좌 중 8개가 있다(마지막 봉우리는 티베트의 시샤팡마(Shishapangma 8046미터)로 네팔 국경에서 약 5킬로미터 떨어져 있다) 네팔은 히말라야를 품고 있는 나라 중 가장 인기가 많아 매년 많은 등반가와 여행자가 찾는다. 8000미터 고봉의 베이스캠프를 중심으로 편의 시설이 잘 갖춰져 있는 편이다.

시킴(Sikkim) 히말라야

부탄과 네팔 사이에 있는 곳으로 네팔과의 경계에 칸첸중가가 있다. 칸첸중가는 인도에서 유일한 히말라야 14좌이지만, 인도 쪽에서의 등반이 불가하다. 신의 영역이라 하여 정부가 등반 허가를 내주지 않는다. 시킴주는 오랫동안 독립적인 왕국이었으나 현재는 인도로부터 일정한 자치권을 부여받고 있다.

부탄(Bhutan) 히말라야

시킴주 옆에 있으며 동쪽의 부탄왕국에 걸쳐 있다. 부탄은 시킴보다 4배 정도 넓지만, 네팔 히말라야의 1/3 정도에 불과하다. 대표적인 봉우리는 초몰하리(Chomolhari 7315미터) 다. 넓지 않은 지역이지만 7000미터가 넘는 고봉이 15개나 된다. 남북 간 고도 차이와 지형 의 기복이 심하다. 몬순(계절풍)의 영향으로 비가 많이 내리고 숲이 울창해 접근이 어렵다.

아삼(Assam) 히말라야

인도 히말라야에서 가장 동쪽에 있는 브라마푸트라강의 큰 굴곡부터 부탄의 동쪽 경계까 지 이른다. 최고봉은 남차바르와지만 중국령 티베트에 속한다. 이 지역은 몬순이 몰고 오는 많은 비를 정면으로 받아 열대성 숲이 우거져 있다. 히말라야에서 가장 나중에 탐사된 지역 으로 다른 히말라야에 비해 덜 알려져 있다. 사람들이 편애하는 8000미터 고봉도 없고 해 발고도 역시 비교적 낮기 때문이다. 또한, 문화적 고립을 오랫동안 겪으며 정치적 긴장 역 시 해소되지 않았다.

※『히말라야 도전의 역사 Fallen Giants』의 일부를 요약 정리함.

1부
라다크
Ladakh

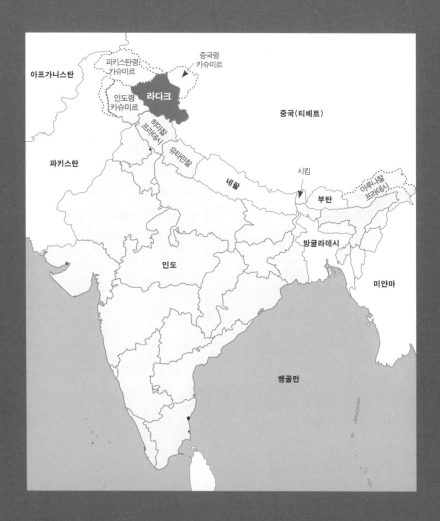

라다크(Ladakh)는 인도 최북단의 고산 지역이다. 파키스탄 및 중국과 국경을 접하고 있어, 인도의 군사 전략상 중요한 지역이자 대표적인 관광지다. 1974년 외부에 처음 개방된 이래 외딴 지역의 모험을 꿈꾸는 트레커와 여행자들의 발걸음이 이어져 왔다.

'라다크'는 라다크 왕국의 옛 영토를 중심으로 형성된 문화권 전체를 아우르는 말이다. 티베트어 'La-Tags'에서 유래해 '라(La)의 땅', 즉 '높은 고갯길의 땅'이라는 뜻이다(본문에 등장하는 지명 중 '~라'는 고개를 뜻한다).

10세기 초, 티베트 왕조의 후손이 서부 티베트에 왕국을 세웠다. 그가 죽은 후, 세 아들이 각각 마율, 잔스카르, 구게-푸랑을 세웠다. 이중 첫째 아들이 물려받은 땅이 마율(Maryul, 라다크 왕국)이다. 라다크는 약 900여 년간 번성하여 북인도 히말라야 일부 지역을 지배했다. 그때는 지금의 라다크와 파키스탄 북부 지역을 포함할 정도로 웅장했다.

라다크의 중심도시인 레(Leh 3505미터)는 옛 라다크 왕국의 수도였다. 인도와 중앙아시아를 연결하던 주요 거점도시로 많은 상인이 몰려들었다. 당시 라다크는 실크로드 요충지이면서 파시미나(Pashmina, 최상급 캐시미어) 교역권을 독차지하고 있었다. 이런 이유로 주변국으로부터 끊임없이 침략을 당했다. 그러다 1834년 잠무 지역의 토후국 도그라의 침략으로 쇠락하고 만다. 이후 라다크는 영국에 편입되어 잠무ㆍ카슈미르주에 속하다가, 2019년 별도의 연방 직할 구역으로 분리되었다.

1947년 영국이 인도에서 철수하면서 파키스탄이 분리 독립했다. 다수가 이슬람교도였던 카슈미르 주민들은 파키스탄에 편입되기를 바랐다. 그러나 힌두교도였던 지도자 하리 싱은 인도를 택했다. 이슬람교도들이 폭동을 일으키자 그는 인도에 지원을 요청했고, 이때 벌어진 전쟁이 제1차 인도-파키스탄 전쟁이다.

1949년 유엔의 휴전 선언으로 카슈미르 북부는 파키스탄령, 남부는 인도령이 되었다. 하지만 인도가 카슈미르 전체를 인도 영토로 주장하면서 여전히 분쟁 중이다. 여기에 중국까지 합세해 현재 카슈미르는 인도령, 파키스탄령, 중국령으로 나뉘었고, 카슈미르 지역은 아직도 국경을 확정 짓지 못하고 있다. 라다크에서는 어느 쪽으로도 국경을 넘을 수 없게 된 것이다.

티베트 불교문화가 짙게 남아 있는 라다크는 흔히 생각하는 인도와 다르다. 오히려 티베트에 가깝다. 라다크에 최초로 불교를 전한 건 인도를 통일한 아소카 왕의 포교사들이었다. 이후 티베트의 영향을 받아 대승불교가 되었다. 티베트 불교의 원형이 잘 보존된 라다크는 '작은 티베트'로도 불린다. 언어를 비롯한 예술, 건축, 의술, 음악에 이르기까지 거의 모든 분야에서 티베트의 영향이 나타난다. 남아시아에서 불교와 생활이 밀접한 몇 안 되는 지역의 하나이기도 하다. 라다크의 인구는 약 30만 명으로 불교도 수와 이슬람교도 수가 비슷하다. 주민은 티베트족과 인도-아리안족으로 구성돼있다.

라다크는 카라코람과 히말라야 사이에 있지만 카라코람에 더 가깝다. 티베트고원이 이어져 대부분 지역이 3500미터 이상이다. 인도에서 가장 높은 지대이면서 가장 외진 곳으로 꼽힌다. 인구밀도 역시 매우 낮다. 전체 면적 약 9만7000제곱킬로미터 중 사람이 살 수 있는 곳은 0.5%에 불과하다.

고원사막지대인 라다크는 북상하는 구름이 히말라야를 넘지 못해 형성된 비그늘(Rain Shadow) 지역이다. 연 강수량이 116밀리미터로 비가 거의 내리지 않으며, 주민들은 주로 산 위의 눈과 얼음이 녹은 물로 생활한다. 주요 작물은 보리와 밀. 1년에 식물이 자라는 기간은 6월에서 9월까지로 4개월에 불과하다. 여름은 몹시 뜨겁고 일교차가 크다. 차량 이동 역시 여름에만 가능하다. 곡물이 전혀 자라지 않는 높은 곳에서는 야크, 염소, 양 등의 가축을 기른다. 가축을 방목하는 시기는 7월에서 9월이다. 이 기간에는 가축의 배설물을 모아 겨울에 쓸 연료를 마련하고 가축의 젖으로 버터와 치즈를 만든다. 겨울이 8개월가량이나 지속되며 영하 40도 밑으로 떨어진다. 이때는 볶은 보릿가루와 직접 만든 유제품 등을 먹으며 그 기간을 난다.

Chapter 1

라다크 잔스카르

잔스카르(Zanskar)는 라다크의 남서부 지역으로 히말라야 산맥과 잔스카르 산맥 사이에 있다. 고립된 이 작은 왕국은 험난한 지형 때문에 주요 무역로에서 제외되어왔다. 찾아오는 군대나 무역상들도 드물었다. 마을이 형성되고 곰파(라마교의 사원)가 만들어진 것도 10세기에 들어서였다.

라다크에서도 가장 오지인 잔스카르는 1년 중 짧은 기간만 트레킹을 허락한다. 날씨가 좋은 여름철 3~4개월 정도만 가능하다. 겨울에는 폭설이 내려 7개월간 육로가 끊기고, 얼어붙은 잔스카르강이 유일한 길이다. 이때는 '차다 트레킹'이라 하여 12월에서 2월까지 얼음 위를 걸을 수 있다.

잔스카르 트레킹은 수십 년간 히말라야 오지를 찾는 트레커들의 발길이 이어졌다. 이 고전적인 트레킹 코스는 현재 대부분 도로가 되었다. 특정 코스를 고집하지 않는 필자는 도로를 피해 깊은 계곡과 높은 고갯길, 고산마을을 따라 걸었다. 새로운 잔스카르 트레킹이지만 이마저도 기존 코스를 연결한 것이다. 트레킹은 보통 구간을 나눠 진행한다. 필자처럼 잔스카르에서 시작해, 창탕고원을 지나 스피티까지 연속으로 하는 경우는 매우 드물다.

잔스카르 트레킹은 대개 짐을 운반하는 노새나 말이 함께 이동한다. 길을 잘 아는 스태프들도 필요하다. 일부 용감한 사람들은 직접 배낭을 짊어지고 트레킹에 나서기도 하지만, 오지인 만큼 사전에 철저한 준비가 필요하다. 무엇보다 길을 잃지 않는 게 중요하다. 네팔과 달리 한 번 길을 잃으면 완전히 고립될 수 있기 때문이다.

이 지역에서는 마을을 만나는 일이 드물다. 포기하고 싶어도 탈출할 수 있는 곳까지 며칠을 더 가야 한다. 식량 보급도 문제다. 필요한 물건을 살 수 있는 곳이 1~2곳 정도에 불과하다. 필자의 경우 40일간 단 두 차례만 보급받을 수 있었다. 통신이 안 되는 곳이 많아 외부와의 연결도 쉽지 않다.

티베트 불교 지역인 잔스카르는 고기를 구할 수 있는 곳이 흔치 않다. 주민과 스태프 대부분이 불교도라 살생을 원치 않는다. 손님이 요구하면 스태프가 양을 잡기도 하지만 권하고 싶지는 않다. 신선한 고기는 여행사에서 식량을 보급할 때 3~4일 정도 먹을 수 있다. 그 외는 달걀이나 생선 통조림 등이 제공된다. 따라서 육포 등 평소 입맛에 맞는 간식을 준비하는 것이 좋다. 현지 음식에 적응할 자신이 없다면 한식 재료를 따로 챙겨가는 것도 좋은 방법이다.

히말라야 트레킹 최상급 난도를 10으로 본다면, 잔스카르 장거리 트레킹은 8정도 된다. 히말라야의 다른 지역보다 고산 적응과 체력 안배가 중요하다. 잔스카르는 고원지대라 5000미터가 넘는 고개를 자주 만난다. 체력적으로 쉽지 않은 여정이다. 고원사막지대인 만큼 일반적인 히말라야 풍경과 다르다는 것도 염두에 둬야 한다. 눈부신 설산과 거대한 빙하와는 거리가 있다. 여러 날 황량하고 척박한 땅을 걸어야 한다. 취향에 맞지 않으면 자칫 지루하고 괴로운 길이 될 수 있다.

* 히말라야 트레킹 최상급 난도는 네팔 히말라야의 마칼루 3패스다. 이스트콜(East Col 6180미터), 웨스트콜(West Col 6135미터), 암푸랍차라(Amphu Labtsa La 5780미터)는 모두 암·빙벽 장비와 전문 등반 가이드가 필요한 곳이다. 마칼루 3패스가 기술적으로 어려운 편이라면, 장거리 트레킹인 잔스카르는 체력적 부담이 크다.

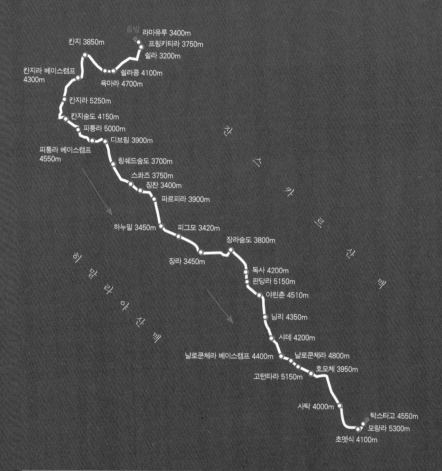

이동경로 라마유루-욕마라-칸지라-피통라-디브링-파르피라-장라-판당라-닝리-샤데-
날로쿤체라-초멧식-모랑라-탁스타고

* 각 챕터 지도에 녹색으로 표기된 지점은 '라(고개)'임.

01 첫 인도, 라다크

레로 향하는 비행기에서 내려다본 라다크는 온통 짙은 회색빛이었다. 흰 눈으로 무장한 히말라야에 비해 비교적 낮은 히말라야. 이런 곳일수록 넘어야 할 고개가 많은 법. 벌써 다리가 뻐근했다.

인도는 처음이지만 왠지 라다크는 낯설지 않았다. 이곳은 내가 알고 있는 네팔 서부 지역과 닮았다. 티베트를 여행하며 느꼈던 황량함이 이곳에도 있었다. 마을마다 미루나무와 살구나무가 있던 파키스탄 북부와도 비슷했다. 이미 알고 있던 곳처럼 내가 만난 첫 인도는 익숙하고 자연스러웠다. 정해진 수순인 양, 때가 되어 온 듯했다.

우리 일행은 모두 7명. 나는 유일한 여자이면서 가장 어렸다. 일행들과 열 살에서 많게는 서른 살 차이가 났다. 이번에도 파키스탄에서처럼 인터넷으로 일행을 모집했다. 한 달 반 이상을 함께할 사람들이지만, 우리는 인도에서 처음 만났다. 지금 생각해 보면 대담하고 무모한 방법이었다. 모르는 사람들로 구성된 도박이나 다름없는 여행. 사실 어떤 믿음 같은 게 있었다. 산에 다니는 사람들은 괜찮을 거라고. 지금껏 그래왔으니까. 하지만 그 믿음이 깨지는 데는 오래 걸리지 않았다.

이번 라다크 트레킹은 48일 일정에 캠핑만 40일이었다. 스태프는 가이드, 보조 가이드, 요리사, 주방 보조 2명. 여기에 마부 2명과 노새와 말 20마리가 함께 했다. 네팔이나 파키스탄과 달리 북인도에서는 스태프 중 누구도 짐을 짊어지지 않았다. 그들은 작은 배낭 하나만 메고 걸었다. 짐은 오로지 노새와 말들의 몫이었다. 북인도는 파키스탄보다 노새의 사용료가 훨씬 저렴했다. 따로 팁을 책정할 필요도 없었다. 그러다 보니 히말라야의 어느 지역보다 장거리 트레킹에 유리했다. 같은 일정으로 비슷한 풍경을 볼 수 있는 네팔 돌포(Dolpo)나 무스탕(Mustang)에 간다면 2배 이상의 경비가 필요하다.

3505미터의 레에서는 하루 정도 고소에 적응할 시간이 필요했다. 쉬는 동안 몇몇 일행과 남걀체모곰파(Namgyal Tsemo Gompa)에 다녀왔다. 곰파는 황량한 언덕의 꼭대기, 레에서 가장 높은 곳에 있었다. 사원이면서 승려들이 생활하는 곰파는 우리나라의 절과 같은 곳이다.

언덕에 오르자 곰파 주변에 색색의 타르초(Tarcho)가 펄럭였다. 타르초는 경전을 적은 오색 깃발로 만국기 형태다. 다섯 색깔은 우주의 다섯원소(청색-하늘, 백색-물, 홍색-불, 녹색-바람, 황색-땅)와 다섯 방향(중앙-동-남-서-북)을 상징한다. 티베트 불교 지역의 고갯마루, 산 정상, 신성한 장소 등 어디에서나 볼 수 있다.

남걀체모곰파는 전체가 하얀 건물이지만 일부는 붉은 칠이 돼 있었다. 과거 몽골과의 전쟁 때 희생한 이를 묻고, 그 위에 건물을 세웠다. 붉은색은 용기를 상징한다. 언덕에 올라서자 맨몸의 땅과 레 시내가 한눈에 들어왔다. 마주 보이는 산맥은 레에서 유일하게 볼 수 있는 설산인 스톡 산맥과 스톡캉그리(Stok Kangri 6150미터)다. 그 뒤 어디쯤엔가 우리가 걷게 될 길도 있을 터. 어떤 길을 만날지 궁금하고 설렜다.

남걀체모곰파와 타르초

트레킹 시작점인 라마유루(Lamayuru)까지는 서쪽으로 125킬로미터를 가야 했다. 가는 동안 가이드 롭상에게 현지 이름으로 작명을 부탁했다. 롭상이 나에게 지어준 이름은 '돌마'였다. 티베트어로 '타라', 얽매임으로부터 풀려난 여성을 뜻한다. 티베트 불교에서는 자비의 보살로 불린다. 그는 깨달음에 이른 최초의 여성으로, 언제나 여성의 몸으로 다시 태어나겠노라 맹세했다. 자비가 부족해서였을까. 좋은 이름을 받았음에도 나는 파키스탄 히말라야 트레킹 때와 달리 현지 이름으로 불리지 못했다.

우리를 태운 차가 님무(Nimmu)에서 멈췄다. 황톳빛의 인더스강과 회색빛의 잔스카르강이 만나는 곳. 두 강은 한동안 섞이지 않았다. 수온 차이 때문이다. 2900킬로미터의 인더스강은 티베트 카일라스 북쪽 사면에서 발원한다. 강은 라다크를 지나 파키스탄을 관통하여 카라치에서 아라비아해로 들어간다. 4대 문명의 발상지인 인더스강은 풍요와 신성의 강이다. 지리적으로 티베트와 라다크를 이어주는 매우 중요한 역할을 한다.

'고독한 은둔자'라는 뜻을 가진 곰파는 대부분 절묘한 곳에 있었다. 사람들이 찾지 않는 곳일수록 수행의 성취도가 높아진다고 믿기에, 일부러 오지나 접근이 어려운 지형에다가 곰파를 세웠다고 한다.

특이하게도 잔스카르 길목에 있는 알치곰파(Alchi Gompa)는 평지에 있었다. 외부의 침입을 피하기 위해서란다. 알치곰파는 섬세하고 아름다운 벽화로 유명하다. 카슈미르와 간다라미술이 만나 장점을 잘 살린 것으로 평가된다. 롭상은 곰파를 설명해주며 슬쩍 내 나이를 물었다. 나이를 알려주자 의외라는 표정을 지었다. 한참 어리게 봤던 모양이다. 그는 26살이라 했다.

달의 표면처럼 울퉁불퉁한 문랜드(Moon Land)를 만났다. 파키스탄 북부와 네팔 서부에서도 이와 비슷한 곳이 있었다. 구름이 히말라야 산맥을 넘지 못해 여름에도 비가 거의 오지 않기 때문이다. 여름은 고원에서 유일하게 초록을 볼 수 있는 계절이다. 하지만 오천만 년 전 바다였던 이 땅은 초목이 잘 자라지 않는다. 극도로 건조한 기후 탓도 있지만, 토양에 염분이 남아 있어서다.

라마유루곰파(Lamayuru Gompa)는 절벽 꼭대기에 있었다. 이 곰파에는 성스러운 뱀이 살던 맑은 호수에 세워졌다는 전설이 깃들어 있다. 알치곰파와 함께 라다크에서 가장 오래된 사원 중 하나다. 대부분의 티베트 곰파는 중국 문화대혁명 때 파괴되어 새로 지어졌지만, 라다크의 곰파는 보존 상태가 양호한 편이다.

이곳 라마유루에서 조금만 더 가면 파키스탄이다. 카슈미르가 인도령과 파키스탄령으로 나뉘기 전까지 두 지역은 모두 라다크 왕국이었다. 파키스탄 북부의 발티스탄(Baltistan) 역시 라다크의 한 지역이었다. 인도에 오기 전 파키스탄에서 40여 일간 걸었던 나로서는 기분이 묘했다. 그게 불과 닷새 전이었는데, 마치 타임머신을 타고 넘어온 듯했다.

우리의 첫 야영지에는 이미 스태프들이 도착해 있었다. 놀랍게도 요리팀 3명이 네팔인이었다. 네팔을 특별하게 생각하는 터라 그들이 고향 사람처럼 반가웠다. 네팔은 여름마다 히말라야 아래쪽으로 몬순의 영향을 받는다. 비가 자주 내리고 트레킹 중에 반갑지 않은 거머리도 만난다. 이때는 네팔 트레킹이 비수기라 사람들이 일자리를 찾아 히말라야의 다른 나라에 가기도 한다. 라다크뿐 아니라 히말라야가 있는 곳이라면 어디든 네팔인들이 있다.

저녁에 세상 부럽지 않은 푸짐한 요리가 나왔다. 20개가 넘는 닭다리 튀김에 밥과 여러 반찬, 온갖 채소를 예쁘게 깎아 만든 샐러드까지. 첫날이라 요리 팀이 신경을 썼다. 요리사 이름은 바이까지, 주방 보조 둘은 랄바두르와 꺼빈드라. 이들은 서로의 이름을 줄여서 각각 까지, 랄, 꺼비로 불렀다. 남걀은 라다크인으로 보조 가이드로 온 듯했다. 라다크인은 북부 티베트에서 이주해온 몽골인이 대부분이라 우리와 비슷하게 생겼다. 그러고 보니 네팔인들까지 모두 생김새가 비슷했다.

인더스강과 잔스카르강이 만나는 님무

달의 표면 같은 문랜드

위
험
한

동
행
자
들

파란 하늘은 눈부셨고 미루나무는 싱그러웠다. 프링키티라(Pringkiti La 3750미터)로 향하는 동안 누구도 힘든 기색을 보이지 않았다. 첫날 처음으로 만난 고개여서인지 다들 사진 찍는데 진심이었다. 기다리던 나는 먼저 하산했다. 뒷사람들도 곧 출발하겠거니 했다. 하지만 중간 지점에서 한참을 기다려도 일행들은 나타나지 않았다. 어떻게 하면 좋을지 생각하다 혼자 쉴라(Shilla 3200미터)로 향했다. 길을 아는 건 아니었지만 걱정되지는 않았다. 길이란 결국 연결되지 않던가. 사실 나는 이번 여정에서 어떤 식으로 걸을지 충분히 생각하지 않았다. 파키스탄에서처럼 혼자 걸을지, 아니면 같이 걸을지. 어쩌다 보니 프링키티라에서 먼저 내려가게 되었고, 그게 내가 걷는 방식이 되어버렸다.

인도로 떠나기 며칠 전, 오래전 활동했던 산악회의 한 선배와 긴 통화를 했다. 어쩐 일인지 선배는 통화 내내 사람에 대한 직감을 믿으라 했다. 그 직감은 대부분 맞을 것이고 여자는 직감이 더 발달했다면서. 직감을 믿고 그대로 처신한다면 괜찮을 것이라 했다. 아마도 선배는 내가 히말라야에서 어떤 일을 겪을지, 짐작하고 있었던 것 같다.

첫 야영에서부터 정서적 위화감을 느꼈다. 단체여행 때마다 가장 우려하는 일이 편을 만드는 것인데, 나를 제외한 남자 일행들 사이에 뭔가 만들어졌음을 알았다. 그들은 레에 도착한 첫날부터 술을 마셨다. 처음에는 가볍게 맥주 정도였다. 본격적으로 트레킹이 시작되자, 그들은 지속 가능한 술자리를 위해 술값을 따로 걷었다. 쉴라에서는 마을에 내려가 맥주 한 상자와 양주를 사 왔다. 술자리로 그들만의 친목을 도모했다. 자연스럽게 서열이 생겼고, 호칭은 어느새 선배님이나 형님으로 바뀌었다.

평균 고도 3500미터인 라다크는 고소 적응이 첫 번째 관문이다. 파키스탄에서 적응이 끝난 나와 달리 그들은 이제 시작이었다. 고소 적응이 되지 않으면 평소 점잖던 사람도 비이성적인 행동을 할 수 있다. 보통은 산소 부족 문제인데, 육체적으로 힘든 상황에서 본성이 드러나는 것일 수도 있다. 히말라야 트레킹은 천천히 걷고 충분히 쉬는 것이 중요하다. 고산에서 술은 심장에 무리를 주고, 간의 피로 해소 기능을 저하시킨다. 이는 컨디션과 연결되어 고소 적응에도 영향을 줄 수밖에 없다.

앞으로 우리가 넘어야 할 고개만 40일 동안 20개가 넘었다. 그중 5000미터 전후인 것만도 13개나 되었다. 고소 적응뿐 아니라 체력적으로 상당한 부담이 따르는 여행이다. 그들이 적응할 수 있는 시간을 충분히 갖기를 바랐다. 체력적으로 무리가 없을 때 술을 마셨으면 했다. 적절함을 지킬 수 없는 술은 반드시 독이 된다는 것을 너무나 잘 알고 있었다. 하지만 아무 말 하지 않았다. 그들이 선택한 트레킹이고 그들이 선택한 술이었다.

그들은 술자리에 나를 여러 번 불렀다. 나는 감기 기운이 있는 데다 컨디션이 좋지 않아 참석하지 않았다. 그들이 술을 마시며 나누는 이야기에도 반응하지 않았다. 술자리가 잦아질수록 말도 많아지기 마련이라 일부러 이어폰을 끼고 드라마를 보았다. 하지만 불안한 마음마저 사그라든 것

은 아니었다. 마음 한구석에서 불길함을 알리는 새 한 마리가 파닥파닥 날
갯짓했다.

라마유루를 출발하며

쉴라에서 계곡을 따라 올라갔다. 입구부터 살벌했다. 금방이라도 깨질 것 같은 붉은 벽은 섬뜩한 느낌마저 들었다. 올려다볼수록 기괴했다. 휘어지고, 뒤틀리고, 뒤집힌 암석은 모두 북쪽을 향한 조산운동의 결과였다. 히말라야를 세계 최고봉으로 만든 어마어마한 힘이었다.

물을 만난 곳부터 슬리퍼로 갈아 신었다. 롭상은 물을 건너는 건 몇 번이라고 했지만, 실제로는 50번쯤 건넜다. 결국, 계곡을 거슬러 올라가는 내내 슬리퍼를 신고 걸어야 했다. 빨리 걷는 것도 아닌데 이번에도 자연스럽게 앞서게 되었다. 혼자 앞서간 데에는 화장실 문제도 있었다. 나를 제외하고는 모두 남자이다 보니 차이 나게 앞서는 수밖에 없었다.

혼자 숱하게 계곡을 건너는 동안 남자들은 롭상에게 업혀서 건넜다. 그런 롭상이 어리숙해 보였다. 한두 번도 아니고 여러 명의 남자를 업는 건 무리다. 그렇게 습관을 들여놓으면 앞으로 만나는 모든 계곡에서 그들을 업어야 한다. 롭상은 행여 누가 다칠까 싶어 그랬겠지만, 노련한 가이드라면 그러지 않았을 것이다. 도움은 꼭 필요한 사람에게만 제공해도 된다.

롭상이 알려준 쉴라콩(Shillakong 4100미터)의 위치가 약간 애매했다. 야영지처럼 생긴 공터에 도착했지만 물에서 너무 멀었다. 누군가 머문 흔적도 없었다. 언덕을 넘어 좀 더 위로 올라갔더니 고도가 높아졌다. 아닌가 싶어 다시 내려왔다. 그리곤 1시간 반 동안 사람들을 기다렸다. 맨 먼저 나타난 건 Y님이었다. 7명 중 가장 체력이 좋고 잘 걷는 분이지만 일부러 일행과 속도를 맞추는 듯했다.

저녁때가 되어서야 쉴라콩에 도착했다. 무려 7시간 동안 슬리퍼만 신고 걸었다. 네팔 히말라야에서 포터들이 슬리퍼만 신고 걷는 게 놀라웠는데 의외로 편했다. 초반 일정치고는 힘든 여정이라 몇몇 일행이 피곤해 보였다. 지금껏 내가 계획한 히말라야 트레킹은 어느 한 곳도 쉬운 곳이 없었

다. 여기도 더하면 더했지 덜하지는 않을 텐데… 나는 우려스러운 마음에
괜히 일정표를 들여다보다가 침낭 안으로 들었다.

휘어지고 뒤틀린 암벽과 동굴

쉴라콩 야영지

아침에 일어나면 다들 제일 나이가 많은 일행을 찾아가 인사부터 했다. 듣기 민망할 정도로 아부하는 이도 있었다. 출발한 지 며칠 되지도 않았는데 팀은 제일 연장자를 중심으로 돌아갔다. 가장 나이 많고 가장 말발이 센 사람이 사실상 대장이 된 것이다. 나는 굳이 찾아가 인사하지 않았다. 얼굴이 마주치면 그제야 인사하는 정도였다. Y님은 늘 모두에게 먼저 인사했다. 나도 그에게만은 꼭 인사하게 되었다.

나에게는 한 가지 트라우마가 있다. 아주 어릴 때였다. 정말 인사를 하고 싶지 않은 상황에서 억지로 인사를 한 적이 있다. 강요된 인사는 마흔이 넘은 지금까지도 상처로 남았다. 특히 권위적인 사람 앞에서는 인사하고 싶지 않은 반발심마저 든다.

스태프들은 새벽부터 아침 차와 따뜻한 세숫물을 준비해주었다. 과하다 싶어 나는 트레킹 이틀째부터 사양했다. 빈속에 차를 마시고 싶지 않았고, 세수는 코인 티슈에 물을 적셔서 하는 것만으로도 충분했다. 시간이 지날수록 몇몇 일행의 아침 준비가 늦어지기 시작했다. 그들은 히말라야 트레킹 경험이 많은 것처럼 이야기했지만 실상 행동은 그렇지 않았다. 부족한 경험이 불만을 불러일으키는 건 예정된 수순이었다.

셜라콩부터 시작된 비탈길을 오르며 Y님과 이야기를 나눴다. 그분은 내게 정식으로 여행사를 하는 게 어떠냐고 했다. 제대로 돈을 받고 여행하는 게 낫지 않겠냐면서. 나는 낯을 많이 가리고 좋고 싫음이 분명한 편이다. 다양한 사람을 상대하기에 내공이 부족하다. 여행을 준비하고 사람을 모으면서도, 굳이 같은 경비를 내는 이유 역시 돈 때문에 누군가의 비위를 맞추고 싶지 않아서다.

욕마라(Yokma La 4700미터)는 이번 여정에서 제대로 올라가는 첫 고개였다. 구불구불한 길이 아래서도 훤히 보였지만, 막상 걸으니 길이 줄지를 않았다. 숨을 내쉬며 잠시 산 아래를 내려다보았다. 단 며칠 만에 일행들과 나는 물과 기름처럼 나뉘어 있었다. 나는 뭔가 불안하면서도 막막했지만 심각하게 받아들이지는 않았다. 되도록 침묵하며 조용히 지낼 생각이었다.

정상에서 Y님과 롭상에게 양해를 구하고 먼저 내려갔다. 혼자 가기로 마음먹은 이상 망설일 이유가 없었다. 내려가는 길에 만난 맨살의 산은 네팔 무스탕과 비슷했다. 조금 더 광활한 무스탕이라고 해야 할까. 평지로 내려오자 낯선 이를 경계하는 마모트(다람쥐에 가까운 대형 설치류)들이 바삐 움직였다. 두더지 게임처럼 머리가 쏙 들어갔다. 호기심이 많은 녀석은 고개를 내밀어 쳐다보기도 했다. 빨래를 널어놓은 것처럼 엎드려 있는 녀석도 있었다.

라다크의 9월은 보리를 수확하는 계절이다. 평평한 초지를 빠져나오자 노랗게 물든 보리밭이 펼쳐졌다. 이곳 사람들은 볶은 보릿가루인 참빠(Champa)가 주식이다. 남은 보리는 발효시켜서 창(Chang, 막걸리와 비슷한 술)이나 럭시(Raksi, 증류주)를 만든다. 그 말은 만나는 마을마다 술을 구할 수 있다는 뜻이었다.

갈림길을 만날 때면 현지인에게 물어서 갔다. 쉬는 동안에는 지도를 보다 확신이 생겼을 때 다시 출발했다. 보리밭을 지나자 붉은 산 아래로 마을이 나타났다. 지도를 보니 칸지(Kanji 3850미터)였다. 그럼 그렇지, 걸음을 재촉했다. 막상 마을에 도착하자 어디로 가야 할지 난감했다. 학교 앞까지 가서 아이들에게 야영장을 물었다. 아이들이 알려준 곳은 마을의 유일한 야영장이었다. 날씨가 흐려지더니 빗방울이 떨어졌다. 비를 피할 수 있는 곳을 찾다 원두막 같은 곳에 들어섰다. 사람들을 기다리는 동안 지난번에 이어 드라마를 보았다. 드라마 속의 사랑은 달콤하면서도 썼다.

1시간 반 뒤에 도착한 그들은 내가 있는 곳과 떨어져 앉았다. 그러고는 차를 주문하더니 그들끼리 마셨다. 누구도 나에게 알은체하지 않았다. 어떤 분위기를 감지했지만 그들을 바라보며 그냥 있었다. 이미 타이밍을 놓친 후였다. 일이 묘하게 되었다. 하지만 어떤 적극적인 변명도 하지 않았다. 그들끼리라도 잘 지낸다면 괜찮았다. 오히려 그러기를 바랐다. 혼자 이방인처럼 따로 걷는 것도 나쁘지 않았다.

텐트를 쳐놓고 강가에서 머리를 감고 빨래를 했다. 그리고는 노새와 말들의 주변을 어슬렁거리며 사진을 찍었다. 그새 남자들은 마을에 술을 구하러 갔다. 이때까지도 나는 아무것도 눈치채지 못했다.

평소에 앉던 자리에서 조용히 저녁을 먹고 있었다. 갑자기 한 일행이 흥분한 목소리로 말했다. 그는 내가 아침에 인사하지 않았다고 했다. 먼저 도착해서도 자신들을 소 닭 보듯 했다며 나를 비난했다. 그리곤 내가 알지 못하는 여행 동호회 운영자와 여행사 대표를 끌어들였다. 그들이 욕을 먹는 이유는 자기 잘못을 남 탓으로만 돌렸기 때문이라며 다그쳤다. 그는 종종 여행 동호회에서 인솔자를 다그친 이야기를 했는데, 이번에는 내 차례가 된 듯했다.

바통을 넘겨받은 또 다른 일행은 다짜고짜 소리부터 냅다 질렀다. 내가 보기 싫다며 밥을 따로 먹으라는 말을 서슴지 않았다. 그게 싫으면 팀에서 떠나던지, 아니면 환불하란다(안 되는 줄 알면서도). 앞으로 자신이 욕을 해도 상관하지 말라며 새삼스럽게 사람들을 모집한 이유를 물었다. 경비 절감 때문이라고 하자 욕설을 섞어가며 소리를 질렀다. 얼굴이 붉으락푸르락 달아오른 그는 손을 심하게 떨었다.

당혹스러웠다. 그들은 왜 그리 화가 났을까. 개도 안 건드린다는 밥시간에, 꼭 그래야만 했을까. 사람들은 종종 자신이 속한 집단의 힘을 빌려 목소리를 낸다. 다수와 있을 때는 없는 용기도 생기기 마련이다. 나와 일 대 일로 있었어도 과연 그랬을까. 적당한 장소에서 적절히 얘기했다면, 이해 가 되었을 것을. 집단이 된 그들의 방식은 거친 폭력이 되었다. 며칠 해보 니 체력도 안 되고 원하는 트레킹이 아니었던 것일까? 거기에 데면데면한 나도 마음에 들지 않았을 테고. 하지만 그런다고 뭐가 달라질까. 거친 말을 쏟아낼수록 행복에서도, 서로의 마음에서도 멀어질 뿐인데….

나는 그들의 무자비한 말을 들으면서도 침착하게 밥을 먹고 후식까지 마쳤다. 그리고 벌떡 일어나 텐트로 돌아갔다. 내가 처음부터 느꼈던 불안 함의 실체를 확인하는 순간, 더는 있고 싶지 않았다. 분노와 모멸감이 섞인 괴상한 기분. 눈물을 쏟아도 이상하지 않을 상황. 살면서 처음 들어보는 폭 언. 그나마 잘한 것이라면, 똑같이 거친 말로 대꾸하지 않은 것 정도랄까. 내가 바꿀 수 없는 상황이라면 차라리 침묵하는 게 나았다.

나는 우리가 수평적 관계라 생각했다. 낯선 이들과의 여행에서 인사는 받고 싶은 사람이 먼저 하면 된다. 거기에 굳이 나이를 들먹일 필요는 없 다. 나를 대등한 상대가 아닌 혼내야 할 사람으로 대했던 데는, 어린 나이 와 여자라는 이유도 있었을 터. 그게 내가 처한 현실이었다.

사람은 나쁜 것을 더 오래 기억하는 법이다. 그들은 이 일을 다시는 꺼내 지 않기로 자기들끼리 합의했다. 한 명은 나에게 잊어버리라며 쉽게 위로 했다. 본인도 알은체하지 않았으면서, 내가 알은체하지 않아 섭섭했다며 거들었다. 같은 상황이었다면, 그는 과연 쉽게 잊고 의연할 수 있었을까? 사람들은 자신도 못 할 일을 다른 이에게 바라고 요구한다.

Y님은 그들의 방법에 적잖이 놀란 듯했다. 7명의 남자 중 혼자만 모르고 있었다. 그는 한 사람이 모두를 행복하게 할 수는 없지만, 모두가 한 사람 을 행복하게 할 수는 있다고 했다. 그러면서 예언 같은 말을 했다. 그들은

71

절대 이 트레킹을 끝까지 할 수 없을 것이라고.

　인간의 참모습은 최고의 순간에도 드러나지만 최악의 순간에 더욱 도드라진다. 독한 예방주사 맞았다고 생각했다. 최악을 미리 경험해두면 나중이 편한 법이다. 나의 태도와 처세가 적절치 않았다고 해도 어쩔 수 없었다. 나는 외로움보다 누군가의 비위를 맞추는 게 더 참기 힘들다. 기꺼이 나의 선택을 감수하기로 했다. 이 모든 상황을 지켜보기로 했다. 그리고 나에게 닥쳐올 수 있는 고통을 모두 허용키로 했다.

　최악으로 치달을 때 나는 무엇을 잃을까. 그들의 지독한 따돌림을 견디거나 트레킹 자체를 포기하거나. 왠지 무엇도 견딜 수 있을 것 같았다. 모든 것을 잃을지도 모른다고 생각하면서도 끝까지 걸을 궁리를 했다. 나의 의지를 믿었다. 내가 아닌 남을 흉내 내지는 말자. 부족해도 나여야 하고 넘쳐도 나여야 한다. 오늘도 내일도 나여야 함을 잊지 말자.

주변을 경계하는 마모트

출발 준비하는 노새와 말들

욕마라에서 하산하며 만난 풍경

아침에 그들이 아무 일 없던 것처럼 인사를 건넸다. 나도 짐짓 아무렇지 않게 인사했다. 나는 부드러운 것에 약하고 강한 것에 반발하는 사람이다. 그들이 방법을 달리했다면 기꺼이 고개를 숙였을 텐데. 나의 미숙함을 미안해하며 달라지기 위해 노력했을 텐데. 증폭된 트라우마가 나를 혼란스럽게 했다. 내 안의 강한 반발심이 날뛰었다. 당분간은 분노와 적대감을 숨기는 수밖에 없었다.

마을을 벗어나기 전 그들이 롭상에게 술 심부름을 시켰다. 이제 그들이 술을 마시든 그렇지 않든 신경 쓰지 않았다. 그들이 감당할 몫이었다. 그나마 언제든 돌봐줄 가이드가 옆에 있어서 다행이라 생각했다. 그들이 위험에 빠지는 것을 원치 않았다. 모두가 어울리는 좋은 분위기는 아닐지라도 안전하기를 바랐다. 그들이 안전해야 나도 안전하고, 그게 서로를 위하는 길이다.

길은 평화로웠다. 칸지는 아름다운 곳이지만 내게는 아름답지 않은 기억이 되었다. 롭상은 어제저녁에 무슨 일이 있었는지 물었다. 알아듣지는 못해도 분위기를 모를 리 없었다. 나는 네팔인처럼 고개를 옆으로 까딱하며 말했다. 아무 일도 없었고 나는 모르는 일이라고.

일행 하나가 먼저 가라며 눈짓했다. 롭상에게는 앞으로 혼자 갈 테니 걱정하지 말라고 했다. 내게는 지도가 있었고, 애매한 곳은 미리 롭상에게 길을 물었다. 그 일이 있고 나서 오히려 더 자유로워졌다.

하지만 모든 선택에는 그에 걸맞은 결과가 있기 마련이다. 그들과 섞이기를 거부하자, 노골적인 따돌림이 시작되었다. 나의 미숙함을 인정하면서도, 그렇게 될 것을 알면서도, 나는 선택을 철회하지 않았다. 웃고 떠드는 여행자가 아닌 침묵하는 수행자가 되기로 했다. 낯선 길의 위험과 불편함을 기꺼이 감수하기로 했다. 홀로 걷는 것이 두렵지 않았다.

17년 동안 다닌 회사를 그만둔 이후 나는 어디에도 소속되지 않았다. 흔한 산악회나 동호회, 인터넷 카페 어느 곳도. 친구나 지인들과의 정기적인 모임조차 만들지 않았다. 사회생활을 잘하려면 울타리가 되어줄 단체가 필요하다는 것을 알면서도, 얻는 게 덜해도, 구속받고 싶지 않았다. 결혼하지 않은 것도 같은 이유다. 누구에게도 내가 가는 곳을 허락받을 필요 없이 언제든 가고 싶은 곳으로 떠나고, 원하는 곳에 돈을 쓴다. 오랫동안 집을 비워도 미안하거나 죄책감이 들지 않는다. 이번 생은 그저 홀가분하게 살다 가고 싶다.

그런 내 생각이 여행에서도 고스란히 드러났으리라. 그들이 나를 어떻게 판단할지 모르지 않지만, 낯선 이들과의 여행에선 조금은 사무적이었으면 했다. 두 번, 세 번 여행을 같이하며 천천히 친해지고 싶다. 한편으로는 그들이 모르는 사람이라서 다행이다 싶었다. 아는 사람들이었다면 얼마나 아프고 힘들었을까. 아마 두고두고 원망했을 테지. 그것은 잘잘못을 떠나 마음의 문제이다.

나는 운명론자다. 선택에 따라 결정되는 인생이라도 어쩐지 큰길은 정해져 있을 것 같다. 될 일은 되고 안 될 일은 안 된다는 믿음 같은 게 있다. 우리가 이 세상에 온 것은 이번 생에 풀어야 할 과제가 있어서일지도 모른다.

여행은 매번 나를 시험에 들게 했고, 그때마다 나는 번번이 오답을 골랐다. 나의 알량한 지식으로 정답 비슷한 것을 고른다고 해도 그건 내 것이 아니었다. 그게 내 것이 되기 위해서는 숱한 고통의 과정이 필요하다는 것을 어렴풋이 알고 있을 뿐이다. 나는 히말라야에서 그 과정을 겪는 중일지도 모른다.

혼
자
걷
는
시
간

칸지라 베이스캠프(Kanji La BC 4300미터) 가는 길에는 물을 건널 일이 많았다. 길이 험해지자 나는 랄아저씨를 기다렸다 같이 갔다. 그는 스태프 중 나이가 가장 많았다. 그런데도 어린 라다크인 스태프들에게 '다이(네팔어로 손위 남자, 형·오빠는 뜻)'라고 불렀다. 그는 늘 자신을 낮췄다.

나에게 거친 말을 했던 일행 하나가 계곡에서 넘어져 콧등이 깨졌다. 그에게 항생제와 상처 연고를 챙겨주었다. 그는 무안해하며 약을 받았다. 나는 그를 좋아하지 않았지만 그렇다고 다치는 것을 바라지도 않았다. 세상일은 돌고 도는 법이니까.

오랜만에 누룽지를 끓이고 반찬으로 무말랭이를 꺼냈다. 시간이 흐르자 몇몇은 현지 음식을 잘 먹지 못했다. 보통 60세가 넘으면 현지 음식보다 한식을 찾는다. 하지만 준비한 한식 재료가 많지 않았다. 기껏해야 며칠에 한 번씩 꺼낼 수 있는 정도였다. 나는 수시로 재료를 확인해 계산된 날짜에 반찬을 꺼냈다. 최선이었지만 일부에겐 그마저도 불만이 되었다.

서로가 부담하는 비용이 같다면 역할과 책임도 같아진다. 그런데 여행을 계획한 이에게 여행사 수준의 서비스와 대접을 기대하고는 한다. 자기 책임하에 하는 여행임을 강조해도 마찬가지다. 누군가의 의무, 책임, 희생을 전제하는 여행이었다면 금액부터 달랐을 것이다. 제대로 된 서비스를 원한다면 그에 맞는 정당한 값을 치러야 한다. 여행에서도 돈은, 쓰는 만큼 대접받는다.

사람들은 공동의 적이 생기면 단합을 잘한다. 불평, 불만, 미움 따위가 공동의 적으로 향할 때 다른 사람들은 안전해진다. 공동의 적이 사라지면 희한하게도 미워해야 할 대상을 다시 만든다. 무리 중 한 명은 반드시 미움의 대상이 된다. 단체여행 때마다 그랬다. 사람들은 자신을 이끌어줄 리더만큼이나 미워할 사람도 원했다. 개인적으로 만나면 괜찮은 사람도 무리에 섞이면 다른 사람이 되곤 했다. 같이 비아냥거리고 따돌림에 동조했다. 박노해 시인의 말처럼 사람은 본디 누구나 착하다. 아직 나쁜 상황을 만나기 전까지는.

몸이 힘들고 입맛까지 잃으니 모든 것이 불만이 되어갔다. 나는 여행을 준비하고 공통경비에 부식까지 관리했지만, 그들에겐 나의 잘못만 보이는 듯했다. 누구도 모두를 만족시킬 수 없었다. 무엇을 어떻게 하든 불만이 꼬리처럼 따라다닐 터였다.

사실, 모두 내가 만든 상황이었다. 이토록 힘든 여행에 확인되지 않은 사람들을 끌어들인 것. 목적을 위해 함께 하고 싶지 않은 사람들까지 감내하는 것. 나의 선택인 만큼 감당도 나의 몫이었다.

나는 조금 덜 생각하고 필요한 역할만 하며 하루하루를 보냈다. 그리고 얼른 이 트레킹이 끝나기를 바랐다. 보란 듯이 안녕을 고하고 싶었다.

칸지라 베이스캠프

칸지라(Kanji La 5250미터) 정상을 앞두고 앞서가던 일행이 오른쪽으로 방향을 틀었다. 하지만 그쪽은 정상 부근이 애매했다. 나는 지도를 유심히 보다 왼쪽으로 향했다. 눈 위에 희미하게 발자국이 있었다. 눈이 녹은 곳에는 드문드문 길이 드러났다. 정상까지는 몹시 가팔랐다. 열 발짝 걷고 나면 숨이 찼다. 뒤돌아보니 멀리서 느릿느릿 걸어오는 사람들이 보였다.

아무리 체력이 좋아도 히말라야에서 적응하는 건 다른 문제다. 빨리 움직이고 동작이 크면, 근육이 산소를 우선해서 쓰기 때문에 뇌에 산소가 부족해진다. 천천히 꾸준히 걸어야 오래 걸을 수 있다. 들쑥날쑥한 걸음은 오래가지 못한다. 그만큼 경험치가 중요하다.

경험은 저마다 다르게 쌓인다. 모든 경험이 나이에 비례하는 것도 아니다. 종종 내가 걸은 히말라야가 과소평가될 때가 있다. 여자가 했으니 누구든 쉽게 할 수 있겠지 한다. 이번만 해도 힘든 트레킹이라는 것을 몇 번이나 강조했다. 준비물 목록을 공유하고 얼마나 씁쓸했던가. 간식을 넉넉히 준비하라 했더니 쓸데없이 많다며 누군가가 비아냥거렸다. 체력적으로 부담되는 트레킹은 피로 해소를 위해 비타민B군이 중요하다. 하지만 그들은 그조차도 농담으로 소비했다. 가장 좋은 방법은 직접 겪으며 고생하는 것이다. 경험한 사람들은 준비물을 함부로 하지 않는다.

정상은 바람이 심했다. 바람을 피해 그들을 기다리다 혼자 점심을 먹었다. 1시간쯤 기다렸을까. 그들은 아직도 한참 아래에 있었다. 이 정도 기다렸으면 됐다. 엉덩이를 털고 일어나 다시 배낭을 짊어졌다. 고개를 넘을 때는 올라간 만큼 내려가는 법. 긴 내리막길이 이어졌다. 1시간 40분쯤 내려가자 갈래 길이 나타났다. 하나는 능선을 따라, 다른 하나는 계곡으로 이어졌다. 등고선이 표시된 지도였다면 길을 찾기 수월했겠지만, 내가 가진 지도는 개념도 수준이었다. 지금까지 여러 번 계곡을 따라갔기에 이번에도 의심하지 않았다. 그런데 아래로 내려갈수록 길이 흐려졌다. 급기야 등산화를 벗고 물길을 따라가는 구간까지 나타났다.

이윽고 나타난 장소는 두 물길의 합류점이었다. 야영지가 있었지만 큰 팀이 머물기엔 협소했다. 지도를 보며 주변을 살펴도 확신이 서지 않았다. 추워서 옷을 껴입고 꽤 오랫동안 그곳에 있었다. 배낭에는 항상 생존에 필요한 장비가 있어야 한다. 비옷과 방한복은 기본이다. 혹시나 해서 암벽 사이로 이어진 희미한 길을 따라 올라갔다. 마침 롭상이 지나가는 게 보여서 큰 소리로 불렀다. 그리곤 다시 내려가 배낭을 가져왔다.

저녁때가 되어서야 칸지숨도(Kanji Sumdo 4150미터)에 도착했다. '숨도'는 티베트어 삼도(Samdo)와 같은 말로 '두 강물이 합류하는 곳'을 뜻한다. 네팔 돌포나 무스탕에도 같은 뜻의 숨다(Sumda)가 있다.

노새와 말을 기다리는 동안 해가 떨어졌다. 방한복을 챙기지 않은 몇몇이 추위에 떨었다. 마른 풀을 모아 불을 피웠지만 역부족이었다. 몇 명은 아예 일부 코스에서 빠지려는 눈치였다. 트레킹은 이제 5일째. 아직 가야 할 길도, 넘어야 할 고개도 한참 남았다. 노새와 말들은 2시간이 지나서야 도착했다. 롭상은 마부가 게을러 노새와 말이 자꾸 늦게 도착한다고 했다.

9월이 되자 서리가 내렸다. 아침 식사로 죽과 토스트, 오믈렛이 나왔다. 가짓수가 많아도 정작 손이 가는 음식은 없었다. 아침을 제대로 먹지 않으면 당장 걷는 것부터 힘들어진다. 이럴 때 간식이 필요하다. 입맛 없을 때 평소 좋아하는 간식만큼 힘이 되는 것도 없다.

출발하자마자 물을 건너야 했다. 잔뜩 얼어 있는 계곡은 보기만 해도 발이 시렸다. 롭상은 살이 깨질 것 같은 물에 발을 담그고 우리를 한 명씩 업어서 옮겼다. 나는 되도록 스스로 건너고 싶었지만, 물을 건너는 게 딱 한 번이래서 처음으로 그에게 업혔다.

일행 하나가 고산병에 감기까지 걸려 컨디션이 좋지 않았다. 나는 그에게 비타민B와 C를 챙겨주었다. 피곤으로 인한 웬만한 증상은 두 비타민만 먹어도 좋아진다. 이런 트레킹은 고소 적응만큼이나 컨디션 조절이 중요하다. 감기라도 걸리면 몸이 엉망이 된다.

점심 식사를 지고 온 랄아저씨가 몇 가지 요리를 꺼냈다. 보통 면이나 감자 요리였다. 이제 음식은 먹고 싶은 게 아니라 먹어야만 하는 것이 되었다. 깊은 계곡으로 이어지던 길이 고개로 향했다. 피퉁라(Pitung La 5000미터)도 칸지라 못잖게 한참 올라갔다. 5000미터가 넘어가면 산소량이 절반으로 줄어든다. 줄어든 산소만큼 숨이 차는 건 당연한 일. 다리도 덩달아 무거워진다. 무거운 다리를 끌고 도착한 정상은 바람이 세찼다. 나는 랄아저씨와 사진을 찍고 먼저 하산했다.

내려가는 길에 보랏빛 제비고깔을 만났다. 강렬하고 아름다운 꽃이지만 노새나 말이 잘못 먹으면 심각해질 수 있는 독초였다. 피퉁라 베이스캠프(Pitung La BC 4550미터)는 900미터나 내려가야 했다. 지그재그로 쏟아지는 길에 다리가 아팠다. 베이스캠프에는 다른 팀이 먼저 도착해 있었다. 60~70대로 보이는 백인 4명과 그들의 스태프들이었다. 이 팀에도 네팔인이 많았다. 뒤이어 내려온 랄아저씨는 주변을 돌아보며 야영지부터 확인했다.

기다리는 입장에서 노새와 말이 도착했을 때 가장 기뻤다. 녀석들은 짐을 내리면 흙바닥에 등부터 비볐다. 흙으로 열을 식히고 몸에 붙은 진드기를 떼어내기 위해서다. 짐을 실었던 등에 땀이 나서 간지러운 것도 있다. 녀석들을 지켜보니 흙 목욕에도 서열이 있는 듯했다. 덩치 큰 녀석들이 가장 좋은 곳에서 했고, 그 뒤를 작은 녀석들이 따랐다. 녀석들이 흙 목욕을 하자 먼지가 뽀얗게 일어났다. 기껏 텐트 자리를 봐뒀더니 금세 먼지 구덩이가 되었다.

날씨가 추워져서 출발을 30분 늦췄다. 하지만 늦추면 늦춘 대로 시간이 지켜지지 않았다. 오늘은 디브링(Dibling 3900미터)까지라 갈 길이 멀지 않았다. 마을까지 가는 길도 여러 갈래였다. 가축이 다닌 흔적이 많아 어디로 가야 할지 난감했다. 당장 눈앞에 있는 다리를 건너려다 더 앞까지 가 보기로 했다. 계곡을 앞에 두고 과감하게 등산화를 신고 건넜다. 조금 젖는 것쯤이야 괜찮았다. 물을 건너자 편안한 길이 이어졌다. 가끔 귀여운 마모트가 고개를 내밀어 경계의 소리를 냈다.

야영지는 마을의 안쪽에 있었다. 물은 마을 위의 작은 곰파에서 내려왔다. 강수량이 적은 잔스카르에서 유일한 물은 산꼭대기의 눈이었다. 그렇다 보니 겨우내 쌓인 눈의 양을 보고 이듬해 작황을 예측하기도 한다. 이곳 사람들이 설산을 경외하는 이유다.

마을에 도착한 일행들은 창부터 구해왔다. 티베트 전통술인 창은 기장, 쌀, 밀, 옥수수, 보리 등을 발효하여 만든다. 막걸리와 비슷하지만 달지 않고 도수가 낮은 편이다. 여름에는 시원하게, 겨울에는 따뜻하게 데워 마신다. 5000미터가 넘는 고개를 2개나 지났으니, 이제 고소 적응은 끝난 것이나 다름없다. 이쯤에서 적당히 즐기는 전통주는 히말라야 트레킹의 즐거움 중 하나다. 하지만 그들은 그 즐거움을 너무 일찍 앞당겨 썼다. 이제부터는 체력이 문제였다.

디브링에서 휴식하는 날, 일행들이 양 한 마리를 샀다. 불교 문화권인 만큼 되도록 살생을 하지 않았으면 했는데, 그들은 신선한 고기를 원했다. 티베트 불교에서는 살아 있는 모든 생물이 전생에 어머니였다고 믿는다. 그래서 미물들에게도 존경과 친절로 대한다. 마을 사람들은 양을 팔더라도 직접 죽이지는 않았다. 불교도인 스태프들 역시 살생을 원치 않았다. 하지만 그들의 부탁에 누군가 양을 잡은 듯했다.

불편한 저녁 식사였다. 고기를 그다지 좋아하지 않는 데다 그들이 돈을 모아 산 고기가 편할 리 없었다. 먹고 싶지 않았지만 저녁으로 준비된 유일한 음식이었다.

피퉁라 가는 길

보랏빛 제비고깔

남는 자들과 포기하는 자들

마을을 벗어나 언덕 위에 섰을 때, 발아래 계곡을 한참 내려다보았다. 적나라하게 뒤틀린 산이 부서진 초코파이처럼 잘게 부서져 있었다. 산 아래로 연한 옥빛의 계곡물이 흘렀다. 마치 여기가 다른 세상임을 말해주는 듯했다. 세상을 연결하는 길은 난간이 없는 다리가 유일했다. 그래도 혼자 씩씩하게 건넜다.

이곳의 풍경은 기이하고 독특했다. 붉던 땅이 검게 변하기도 하고, 바위산이 흙산이 되기도 했다. 멍이 든 것처럼 푸르뎅뎅한 산. 특정 광물이 자주색 반점처럼 덮고 있는 산. 커피에 아이스크림을 넣고 휘저은 것 같은 흙산도 있었다. 물빛은 청록이었다가 옥빛이었다가 회색빛이 되었다. 이곳에선 예상할 수 있는 풍경이 없었다. 무작위로 섞은 카드에서 뽑은 풍경처럼 나는 선택받은 풍경 앞에 놓였다. 눈부신 설산이 주는 경외심과는 다른 기묘함으로 가득한 땅. 천년만년 침묵하고 있었을 땅은 깊고 고요했다.

왠지 뒷사람들을 기다려야 할 것 같았다. 30분 후에 나타난 그들은 이제 당연하다는 듯 롭상에게 업혀서 건넜다. 가볍게 간식을 먹고 출발하자 바로 큰 강이 나타났다. 어쩐지 기다리고 싶더라니. 물이 불어나서 바지를 허벅지까지 걸어야 했다. 먼저 건넌 롭상이 짐을 내려놓고 사람들의 짐을 받아 갔다. 나는 평소 배낭에 매달고 다니던 슬리퍼로 갈아 신고 혼자 건넜다. 물은 천천히 흐르는 것처럼 보였지만 속도가 상당했다. 다리에 힘을 주지 않으면 떠내려갈 것만 같았다.

한 일행에게 슬리퍼를 빌려주었다. 사실 그는 모르는 사람이 아니었다. 1년에 한두 번 막걸리를 마실 정도는 되었다. 하지만 그가 데려온 사람이 나를 난처하게 했고, 그는 내가 난처할 때 어떤 도움도 주지 않았다. 여행이 끝난 후 그와 연락이 되었을 때, 몸살감기가 심해 어쩔 수 없었다며 미안하다고 했다. 그의 지인 역시 미안해한다며 함께 밥을 먹자고 제안했지만 거절했다. 히말라야에서 만난 지인의 동행자들은 하나같이 나를 난처하게 했다. 이제 나는 지인이라 해서 그가 데려온 사람을 무조건 믿지는 않는다. 그에게 좋은 사람이 나에게도 좋은 사람이라는 법은 없었다. 특정 직업에 대한 편견도 생겼다. 평소 자기 돈으로 밥을 사지 않는 직업을 가졌던 사람들은 여행에서도 마찬가지였다.

링쉐드숨도(Lingshed Sumdo 3700미터)는 작은 야영지였다. 롭상은 여기서 계곡을 따라 올라가면 자신의 고향인 링쉐드가 나온다고 했다. 차가 다닐 정도로 큰 마을인 듯했다.

일행들 중 가장 연장자가 나를 자신의 텐트로 불렀다. 그는 자신을 비롯한 4명은 여기서 그만두겠다며 링쉐드에서 차를 타고 돌아가겠다고 했다. 경비에 대해 더는 아무 말 않겠다는 말도 덧붙였다. 걸은 지 8일째였다. Y님은 고산에서 몸이 좋지 않으면 내려가는 게 좋다며 그들의 하산을 말리지 않았다. 실제로 몇 명은 상태가 좋지 않은 듯했다.

나에게 벌어질 수 있는 가장 나쁜 일까지 감수할 작정이었는데, 문제는 의외의 방법으로 해결되었다. 그들에게는 아무 말 하지 않았지만, 가슴을 누르던 큰 돌덩이가 치워진 것 같았다.

그런데 롭상의 생각은 달랐다. 여기서 팀을 나누게 되면 스태프와 마부 1명이 그들을 따라 링쉐드로 가야 하고, 트레킹을 계속 진행하기 위해서는 마부 2명이 필요했다. 이래저래 복잡했다. 결국, 그들은 롭상의 제안대로 나흘 더 걸은 후 택시로 이동하기로 했다.

한꺼번에 4명이 빠져나가면 규모가 줄 것 같지만 장기 트레킹의 셈법은 그리 간단치가 않았다. 그들이 떠난다 해도 7명의 스태프와 말 20마리는 끝까지 가야 했다. 이미 그렇게 계약되었기 때문이다.

디브링을 지나서 만난 난간 없는 다리

강을 건너는 롭상과 랄아저씨

나흘 뒤를 생각하며 홀가분한 마음으로 아침을 맞았다. 여전히 혼자 걸었지만 이제는 그들이 보이기 무섭게 내빼지는 않았다. 오른쪽이 시원하게 뚫린 절벽 길을 지났다. 어느새 나도 노새들처럼 이런 길에 익숙해졌다. 그간 히말라야에서 걸은 경험이 괜한 게 아니었다. 언덕에 서서 지나온 길을 돌아보니 꽤 아찔했다. 초보자들은 힘들 수 있겠다 싶었다.

스콰즈(Squaz 3750미터)로 내려가는 길은 자잘한 돌밭이라 자꾸만 미끄러졌다. 길이 있는 것 같기도, 없는 것 같기도 했다. 눈을 크게 뜨고 누군가 지나간 흔적을 살폈다. 희미한 길을 따라 내려가다 뒤돌아보니 경사가 상당했다. 자세히 보니 길은 더 위쪽에 있었다. 그래도 스콰즈에 무사히 도착했다. 혼자 여유롭게 점심을 먹고 좋아하는 노래를 들었다. 계곡에서 땀을 씻고, 어디에 텐트를 치면 좋을지 주변을 살폈다.

그들과 떨어져서 걷는 만큼 기다리는 시간도 길었다. 그럴 때면 생각이 많아졌다. 나는 괜찮다며 스스로를 위로했지만, 내 안의 목소리가 끊임없이 지껄였다. 때때로 험악해진 목소리가 나를 부추기기도 했다. 괜찮아, 괜찮다니까. 그래도 분노의 목소리는 머릿속에서 계속 조잘댔다. 그 사이 언덕에서 그들과 노새들이 내려오는 게 보였다. 나는 그곳을 물끄러미 바라보다가 큰소리로 욕설을 쏟아냈다. 결국, 목소리가 이겼다.

가장 먼저 도착한 Y님은 그들의 불만이 높아졌으니 대꾸하지 말라고 했다. 나중에 다른 일행에게 들은 바로도 그들은 내내 불만이 많았던 것 같다. 히말라야 오지에서는 불편한 게 당연하다. 먹는 게 부실하고, 험한 길을 걷고, 잠자리도 편치 않다. 경험이 부족한 이들에게는 고통일 수 있다. 그들 중 일부는 절벽 길에서 겁을 먹고 되돌아가겠다고 했던 모양이다.

고소공포증이 있었던 것일까. 그들은 롭상에게도 불만이 많은 것 같았다. 링쉐드로 바로 갔어야 했는데, 여기까지 힘들게 온 것이 롭상 탓이라 여기는 듯했다.

아침에 까지에게 미역국에 누룽지를 넣어 끓이게 했다. 그들이 떠나기 전까지 한식 재료를 자주 풀기로 했다. 매콤한 반찬 하나만 있어도 밥맛이 달라지지 않던가. 히말라야 트레킹에 익숙해진 나는 한식이 아니어도 상관없었다. 어쩌다 먹으면 좋기야 하지만 번거로운 식자재를 챙기고 싶은 정도로 간절하지는 않았다. 사실 한식 재료는 나이가 있는 일행들을 위해 준비했다.

붉은빛을 띠던 산은 이제 짙은 회색빛이 되었다. 9월 초순이 되자 키 작은 식물들이 빨갛게 물들기 시작했다. 이 붉은 풀은 희한하게도 주변에 기름 같은 것을 뿌려 놓았다. 나는 이 식물을 '기름 식물'이라 불렀다.

꽤 위험하고 미끄러운 길을 지나 징찬(Zingchan 3400미터)에 도착했다. 정오가 조금 지난 시간이었다. 밭에서 일하는 여인에게 야영지를 물으니 강가를 가리켰다. 그곳에는 제법 넓은 공터와 나무가 있었고, 그 뒤로 옥빛 물이 시원하게 흘렀다.

야영지에 도착한 그들은 나와 멀리 떨어져 앉았다. 텐트 역시 떨어져서 쳤다. 나는 그들의 행동에 어떤 반응도 보이지 않았다. 관찰자가 되어 지켜보기만 했다. 이런 곳에서 인간은 인간적이지 않았다. 그저 감정과 본능에 충실한 자연의 적나라한 일부가 되었다. 나는 이제 덜 불편한 마음이 되었다. 기대가 없으면 불편도 없는 법이었다.

어렸을 때 읽은 동화 중 유독 생각나는 장면이 있다. 마귀의 저주를 받아 까마귀가 된 왕자들. 저주를 풀기 위해서는 정해진 날까지 가시덩굴로 만든 조끼가 있어야 했다. 성에 갇힌 공주는 날마다 피투성이가 된 손으로 조끼를 떴다. 마침내 그날이 왔다. 공주는 하늘 높이 조끼를 날렸고, 까마귀였던 왕자들은 저주가 풀렸다. 좋지 않은 일을 겪을 때면 꼭 그 장면이 생각났다. 다른 상황은 차치하더라도 가시덩굴로 조끼를 뜨는 모습이 왠지 내 일 같았다. 조끼를 다 뜨면 피투성이 손에서 벗어날 수 있을 것이라는 희망. 그날이 오고 있었다.

노새의 짐을 내리는 까지와 랄아저씨

파르피라(Parfi La 3900미터)까지 긴 오르막이었다. 고도를 높일수록 다리가 뻑뻑해 자주 뒤돌아보며 숨을 내쉬었다. 다들 저마다의 속도로 꾸준히 올라갔다. 대부분 걷는 속도가 눈에 띄게 빨라졌다. 체력이 좋아지는 게 보였지만 모두가 그런 건 아니었다. 나에게 거친 말을 했던 두 사람이 가장 힘들어했다. 나이를 무시할 수는 없었다.

긴 도로가 잔스카르강을 따라 이어졌다. 도로는 아직 완성되지 않았다. 이 길이 이어지면 레에서 파둠(Padum)까지 4~5시간이면 된다. 그렇게 되면 레-카르길-파둠-레로 이어지는 자동차 여행도 좋을 것 같다.

내가 먼저 하산했는데도 Y님과 H님이 금방 따라잡았다. 그들은 점심 장소에서 멈췄지만 나는 계속 걸었다. 같이 점심을 먹어도 좋을 사람들인데, 먼저 가겠다며 마음에도 없는 말을 하고 말았다. 속으로 혀를 끌끌 찼다. 그들과 헤어지고 1시간을 더 가서야 멈췄다. 그리고 허허로운 풍경을 바라보며 혼자 점심을 먹었다. 삶은 달걀과 딱딱한 빵, 깨진 감자, 볼품없는 사과, 초콜릿, 주스. 점심 도시락은 매번 같았다.

약간의 초지를 이루고 있는 하누밀(Hanumil 3450미터)에 도착한 건 12시 반이었다. 적당한 초지와 맑은 물. 괜찮은 곳이었다. 결정적으로 온갖 술이 다 있었다. Y님과 H님이 도착한 건 1시간 후였다. 6명 중 유일하게 끝까지 가겠다고 한 사람들이었다. 두 사람과 버드나무 아래서 이야기를 나누었다. 그러다 저쪽에서 4명이 보이자 그들은 슬그머니 자리를 옮겼다.

인도에 오기 전 파키스탄에서 누군가를 지독하게 미워했다. 그런데 지금은 미움받는 사람이 되었다. 처음부터 그들에게 좋지 않은 감정이었음을 인정한다. 그리고 나의 감정은 곧 그들의 감정이 되었다. 법구경의 한 구절처럼 내게서 나간 것이 다시 내게로 돌아왔다.

"아무에게도 거친 말을 하지 말라. 받은 자가 그에게 돌려보낼 것이다. 격정의 말은 고통을 야기하니 되돌아온 매가 그대를 때리리라."

내가 오답을 고를 때마다 생은 반복해서 비슷한 상황을 만들어냈다. 비난했던 사람의 입장을 고스란히 되돌려주었다. 문득 2015년 유럽 캠핑 여행이 생각났다. 8명이 함께 한 여행이었다. 맥주와 와인이 넘치는 유럽에서 우리는 '심야 미식회'를 만들어 밤마다 조촐한 술자리를 가졌다. 1인당 맥주 1~2캔 혹은 와인 한두 잔 마시는 자리였다. 분위기는 매번 화기애애했다. 날마다 어떤 새로운 술을 마실지 기대하는 즐거움이 컸다.

하지만 모두가 그런 것은 아니었다. 술자리에 참여하지 않은 두 사람 중 한 명이 유독 모임을 질색했다. '시끄럽다, 사람들에게 민폐다, 다음날 지장을 준다.' 그의 말에 우리는 끝나는 시간을 정해놓고 조용히 하려고 애썼다. 그런데도 그는 매번 우리를 거칠게 질타했다. 결국, 모임을 이끌던 사람이 더는 못하겠다며 끝내버렸다.

생각해 보니 우리는 그 사람을 모임에 부른 적이 없었다. 대장인 자신을 쏙 빼놓고 밤마다 즐겁게 보내는 멤버들이 괘씸했을지도 모른다. 소외감과 질투가 섞인 마음이었을지도. 그러나 누구도 그 마음을 헤아리지 않았다. 지나고 보니 지금 내 입장이 그랬다. 내가 끼지 않은 술자리를 무조건 나쁘게만 보았다. 실은 내가 생각하는 그런 자리가 아닐지도 모르는데. 나도 그때 그 사람처럼 외눈으로 보고 있던 것은 아닐까.

남미에서 배낭여행을 할 때 다른 이의 수고에 숟가락만 얹어서 갔다. 그러고도 그 사람의 수고는 생각지 않고 불만만 많았다. 네팔 무스탕에 갔을 때도 리더의 모자람을 탓하며 불만을 키웠다. 그들의 수고에 고맙다는 말 한마디 하지 않았다. 내가 그들의 입장이 된 건 파키스탄에서였다. 나의 수고에 다른 이들이 숟가락만 얹은 여행이었다. 그런데도 사람들은 불평하며 배려를 권리처럼 요구했다. 나는 섭섭하면서도 당황스러웠다. 이제 알았다. 이런 기분이구나. 생이 나에게 알려주고 싶은 게 무엇인지 어렴풋이 알 것 같았다.

하누밀 가는 길

피그모(Pigmo 3420미터)에서 다리를 건넌 후, 포장도로를 따라 지루하게 걸었다. 걷다가 쉬기를 반복하며 마침내 장라(Zangla 3450미터)에 도착했지만, 야영지가 어디인지 몰랐다.

일단 마을로 들어갔다. 지나가는 할아버지에게 여쭤보니 야영지는 이곳에서 한참 떨어진 강가에 있었다. 다음 일정을 생각했을 때 왠지 거기까지 갈 것 같지가 않았다. 길이 잘 보이는 곳에서 사람들을 기다렸다. 그렇게 2시간을 기다리고 나서야 그들이 지나가는 게 보였다. 그들은 피그모에서 롭상의 친척 집에 들러 간식을 먹느라 늦었다고 했다. 장라의 야영지도 롭상의 친척 집 근처였다.

시간이 지나도록 마부가 나타나지 않았다. 롭상은 4명이 돌아갈 택시를 알아보기 위해 파듐으로 나갔다. 기다리는 시간이 길어지자 불평하는 일행이 생겼다. 듣다 못한 Y님이 멀리 돌아오는 노새와 말들은 더 힘들 것이라 했다. 그러자 일행 하나가 대놓고 언짢아했다. 포기하는 4명에 합류하지 않아서일까. Y님도 은근히 따돌림을 당하는 중이었다. H님 역시 사정이 다르지 않아 보였다. 황량한 풍경을 좋아하지 않는 H님은 탈출할 것인가 남을 것인가 꽤 고민했다. 결국에는 남기로 했지만 이 선택은 그를 괴롭게 했다.

마부들은 오후 4시가 넘어서 도착했다. 노새와 말들이 건널 수 있는 다리가 없어 파듐까지 갔다가 되돌아오느라 늦었단다. 떠나는 이들이 짐을 정리하는 동안 남은 한식 재료를 인원수대로 나눴다. 2명은 네팔에 간다고 했으니 그곳에서 요긴할 것이다. 저녁에는 까지가 케이크를 만들었다. 케이크에는 'HAPPY TREK'이라 적혀 있었다. 마지막 저녁 식사는 좋지도 나쁘지도 않았다. 무슨 말인가 오갔지만 기억하지 않았다. 할 수만 있다면 그들과의 기억을 남김없이 지우고 싶었다.

피그모 마을

피그모의 다리

새벽 5시. 그들이 떠나는 날이다. 졸린 눈을 비비며 일어났다. 내겐 아직 적개심이 남아 있었지만 찜찜함까지 더하고 싶지 않았다. 그들과 악수를 하고 조심히 가시라 했다. 우리는 헤어지는 순간에도 서로에게 고맙다거나 미안하다는 말은 하지 않았다. 비록 먼저 떠나지만 그들이 무사하기를, 한때나마 즐거웠기를 바랐다. 어디를 가든 그곳에서는 만족하기를 바랐다. 그들을 태운 지프가 어둠 속으로 사라졌다. 나는 그동안 피투성이 손으로 떴던 가시덩굴 조끼를 하늘 높이 날렸다.

내가 처음부터 그들과 술을 마셨다면 뭐가 달라졌을까? 우려했던 부분을 누군가와 상의했다면, 그들과 같이 걸었다면 어땠을까? 생각해 보면 나도 그럴 만했고 그들도 그럴 만했다. 내가 그들의 입장이었다면 나도 그럴 수 있다. 그들이 나의 입장이었다면 어땠을까?

오지에서는 누구도 특별하지 않다. 모두가 상황에 따라 변한다. 내가 그랬던 것처럼 그들도 그랬다. 우리는 그저 소풍 나온 지구에서 자신의 역할에 충실했을 뿐이었다.

지금의 순간들이 언젠가는 어떻게든 연결된다. 우리는 서로에게 무엇을 남겼을까. 황량함이 가득한 이곳 히말라야에서 나는 그들의 자존심을 조금도 생각해주지 않았다. 그들의 부족한 경험을 나 몰라라 했다. 그들은 불평불만을 통해 원하는 것을 말했지만 나는 그러한 소통방식을 이해하지 못했다. 관계는 복잡하게 꼬였고 아무도 풀지 못했다. 그들은 자존심을 지키는 대신 포기를 택했다. 여행이 시작되는 순간부터 그들이 선택한 게 결과가 되었다.

생각해 보니 직장생활 17년보다 몇 년간 히말라야에서 겪은 경험이 더 강렬했다. 안전한 울타리에서 지내다 세상의 민낯을 보는 일. 그렇게 만만치 않은 세상에서 하나씩 배워가고 있다.

시절 인연에 따라 만날 이유가 있어 만난 사람들, 때가 되어 떠난 사람들. 내가 전생에 그들에게 진 빚이 있었다면, 그래서 이런 식으로 청산하고 떠나는 것이라면. 그렇게 생각하기로 했다. 비록 좋은 인연은 아니었지만 이제는 서로를 잘 잊을 수 있기를 바랐다.

05

의
도
치
않은

변
화

야영지는 고요하고 평화로웠다. 지독한 폭풍우가 지나간 듯했다. 북적대던 사람들이 빠져나가자 스태프들도 편안해했다. Y님은 긴 터널을 빠져나온 것 같다고 했다. 나는 체한 게 내려간 듯 시원했다. 이제야 피가 도는 느낌. 그러면서도 그들과의 기억이 걷는 동안 천천히 흐려지기를 바랐다.

이번 일로 나는 몇 가지 사실을 새로이 알게 되었다. 우선 내 편이 되어줄 사람이 정말 필요했다. 내가 부족해도 믿고 따라주고, 적절히 조언도 해줄 수 있는 사람. 낯선 사람들로 구성된 팀이 얼마나 위험한지도 알았다. 특히 일정이나 환불에 관한 건 처음부터 명확히 해야 한다. 근거 자료는 구두가 아닌 문서로 남겨야 한다. 만남을 통해 서로가 지켜야 할 규칙을 정하는 것도 필요하다(호칭, 습관, 음식, 준비물 등). 술을 자제할 수 없는 사람은 곤란하다. 어린 일행에게 애매한 존댓말을 하거나 호칭을 낮춰 부르는 것도 좋지 않다. 어른 대접을 받으려는 경향이 강하면 감당하기 어렵다. 중간에 포기하려는 마음을 가진 사람은 반드시 그렇게 된다. 무엇보다 자신을 챙길 수 있을 정도의 적절한 경험이 필요하다. 그렇지 않으면 모든 것이 불만이 된다.

모처럼 맞이한 휴일. 장을 보러 가는 스태프들을 따라 파둠으로 나갔다. 잔스카르의 행정중심지인 파둠은 이번 트레킹에서 처음으로 식량을 보급받는 곳이다. 파둠은 작은 동네로 지저분하고 어수선했다. 가게의 과일과 채소는 시들었고 고깃집은 문을 닫았다. 이슬람교도의 행사로 스리나가르(Srinagar)에서 물건을 공급받지 못해서였다.

주변을 어슬렁거리다 한국어 간판을 발견했다. 이런 곳에 한국 음식점이 있다니. 식당은 아주 작았다. 주인은 중년의 여자. 우리말을 하지 않았다면 영락없이 현지인처럼 보였을 것이다. 우리는 오랜만에 제대로 된 한식을 먹고 싶어 비빔밥에 김치전을 주문했다. 많은 나라를 다녀본 건 아니지만 현지에서 정착하고 사는 한국인들을 보면 대단했다. 현지인을 만나 결혼해 아이를 낳고 가정을 이루고 사는 것. 그러고 보면 저마다 다른 용기를 가지고 사는 것 같다. 나에게 히말라야에 다닐 수 있는 용기가 있다면, 그들에게는 다른 나라에 살 수 있는 용기가 있는 게 아닐까.

파듐의 과일가게 청년

장라 왕궁

일행이 3명이 되니 식사도 금방 끝나고 출발하는 시간도 정확했다. 단 몇 분이라도 시간을 지키는 것. 가장 기본적인 약속이다. 우리가 시간을 지키지 않으면 스태프들도 지키지 않는다.

처음 트레킹을 시작하는 것처럼 발걸음이 가벼웠다. 이제는 서둘러 가야 할 이유가 없었다. 조금 더 사진을 찍으며 천천히 걷기로 했다. Y님께는 내가 늦더라도 기다리지 말라고 했다. 누가 나를 기다리는 게 부담스러웠다.

장라는 옛 잔스카르 왕국의 수도였다. 마을 어느 곳에서나 언덕 위의 장라 왕궁(Zangla Palace)이 보였다. 마침 지나가는 길이라 잠시 들렀다. 왕궁에서는 장라를 비롯한 주변 풍경이 한눈에 들어왔다. 이 오래된 3층 건물은 10세기에 잔스카르 왕의 막내아들이 지었다고 전해진다. 여러 린포체(티베트 불교의 살아 있는 부처)가 탄생한 곳으로, 라다크에서 가장 오래되고 복된 장소 중 하나라 한다.

20대인 롭상이 성큼성큼 앞서갔다. 보통 고산족은 키가 작은 편인데 롭상은 유달리 컸다. 180센티미터가 넘는 듯했다. 대학생인 그는 방학 동안 잠시 아르바이트 중이었다. 그래서인지 가이드로서 어설프고 손님을 챙기는데 서툴렀다.

계곡을 건너는 일은 이제 끝났다고 생각했는데 아니었다. 매달고 다니던 슬리퍼로 갈아 신고 맨 뒤에 섰다. Y님은 잘 마르는 등산화를 신고 건넜다. H님은 슬리퍼가 없어 롭상에게 업혔다. 하도 남자 일행들을 업는 바람에 롭상은 어깨가 좋지 않았다. 그래서 처음에는 H님의 요청을 거절했지만, 미리 말하지 않은 잘못이 있으니 계속 업을 수밖에 없었다.

잔스카르는 유독 물이 맑았다. 주변에 설산이 보이지 않는데도 수량이 제법 되었다. 잔스카르와 지형이 비슷한 네팔 돌포에서도 항상 그게 신기했다. 궁금증은 곧 풀렸다. 희한하게도 바위 중간에서 물이 쏟아져 나왔다. 위에 계곡이 있는 것도 아닌데 벽에서 물이 나왔다. 계곡 바닥에서도 물이 퐁퐁 올라왔다.

죽어서 말라비틀어진 노새 사체를 만났다. 짐을 싣고 가다 아파서 걷지 못하는 노새는 그 자리에 버리고 간다. 네팔이나 파키스탄에서도 마찬가지였다. 마부에게 큰 재산인 말을 버리고 간다는 건, 그만큼 감당이 되지 않기 때문이다. 히말라야 지역에서 짐을 나르는 가축 중에 상팔자는 없다. 죽을 때까지 고생하는 게 그네들의 팔자다.

4시간도 되지 않아 장라숨도(Zangla Sumdo 3800미터)에 도착했다. 우리는 거의 쉬지 않았고, 걷는 동안 말도 없었다. 롭상은 우리가 빠르다는 말을 자주 했다. 3명이 되자 확실히 속도가 빠르긴 했다. 인원이 적다 보니 야영지를 정하는 것도 수월했다. 이번에는 나무 아래에 텐트를 치는 호사를 누렸다. 롭상은 장라숨도에서 왼쪽 계곡을 따라가면 마카밸리(Markha Valley)라 했다. 지도를 보니 레까지도 연결되었다. 왠지 언젠가 다시 이곳에 오겠다는 생각이 들었다.

마부들은 우리가 도착하고 2시간 후에야 나타났다. 매일 2~3시간씩 기다리는 게 일과가 되었다. 롭상은 길이 좋지 않아 그렇다며 앞으로 빨라질 것이라고 했다. 저녁에는 카레가 나왔다. 지난번에 까지에게 카레 만드는 법을 알려줬더니 잘 기억하고 있었다. 물 조절도 잘하고 맛도 훌륭했다. 그는 우리가 한식 만드는 법을 알려주면 노트에 적어 놓고 그대로 만들어 주었다.

바위벽 중간에서 쏟아지는 물

장라의 아침

출발하자마자 등산화부터 벗었다. 9월 중순으로 접어들자 물이 얼음장처럼 차가웠다. 이번에도 여러 차례 물을 건넜다. Y님에 의하면 모두 14번이었다. 서리 내린 풀밭을 맨발에 슬리퍼만 신고 걸었다. 발도 시리고 입김도 나왔다. 그러고 보니 벌써 추석이다. 견디는 날도 있었지만 지나고 보면 이렇게 금방이다.

야영하는 팀을 만났다. 백인 여자 혼자에 스태프 4명, 말 5마리가 함께였다. 눈이 마주친 그에게 엄지를 치켜세웠다. 나도 네팔에서 그렇게 다니곤 했는데, 같은 방식으로 다니는 여행자를 만나니 반가웠다.

낯선 이들과 다니는 데는 위험요인도 있었다. 같이 다니면 덜 위험하겠거니 했는데 글쎄다. 때로는 같이 다니는 사람들이 더 위협적일 수도 있다. 막상 와서 보니 라다크는 네팔과 비슷했다. 불교 문화권이라 익숙했고 기본적으로 사람들이 선했다. 여자라고 다르게 보지 않았다. 파키스탄에서는 여자를 쳐다보는 남자들의 눈빛이 집요했다. 아무리 외국인이라도 여자 혼자서 남자 스태프들과 다닐 엄두가 나지 않았다. 하지만 북인도라면 괜찮을 것 같다.

야영지는 지도에 없는 독사(Doksa 4200미터)라는 곳이었다. 일행이 3명으로 줄었지만 노새와 말 20마리는 그대로였다. 녀석들을 위해 야영은 웬만하면 초지와 가까운 곳에서 했다. 풀이 없을 때는 마부가 옥수수나 보리를 챙겨주었다.

마부가 먹이 주머니를 들고 나타나면 녀석들은 눈을 희번덕거리며 "히이잉" 소리를 냈다. 먹이 주머니는 마스크처럼 목에 걸고 입에 씌웠다. 그릇에 먹이를 담아주면 발로 차서 쏟을 수 있지만, 먹이 주머니는 그럴 일이 없다. 무리 중 힘센 놈이 독차지하는 것도 막을 수 있다. 녀석들은 보통 아침과 저녁을 먹었다. 마부들은 사나흘 간격으로 녀석들의 편자도 바꿔주었다. 그렇지 않으면 물집이 생겨서 걷기 힘들단다.

히말라야의 어느 지역에서나 노새는 중요한 짐꾼이다. 네팔과 파키스탄 북부에서도 짐을 나르는 건 대개 노새였다. 녀석들은 저지대부터 고지대까지 못 가는 곳이 없다. 길도 잘 찾아간다. 노새는 인간의 편의를 위해 암말과 수탕나귀를 교배해 만든 종이다. 이종교배라 새끼를 낳을 수 없다.

노새는 얼핏 보면 말인 것 같기도 당나귀 같기도 하다. 말처럼 큰 덩치에 긴 다리를 가지고 있다. 하지만 귀가 길고 앞머리가 짧거나 없다. 거기에 빳빳한 갈기를 보면 영락없이 당나귀다. 일반적인 특성 역시 당나귀를 닮았다. 두 종의 장점을 타고난 노새는 힘이 세고 지구력이 강하다. 아무거나 잘 먹고 질병에도 강한 편이다. 몸이 튼튼해 날씨가 갑자기 변해도 잘 견딘다.

노새나 말의 무리에서 대장은 보통 차분한 암컷이 맡고 수컷이 뒤를 따른다. 대장에게 화려한 장식을 하고 종과 방울을 다는 것은 노부상부의 전통이다.

노부상부는 티베트, 인도, 중국을 잇는 마방의 길을 처음으로 연 전설속의 상인이다. 그는 장삿길에 나섰다가 여덟 번을 실패하고 돌아오는 길에 풀 위로 오르는 개미를 발견한다. 여덟 번 실패한 개미는 아홉 번째에 성공한다. 이때 신선이 나타나 "네가 실패한 원인은 종을 달지 않았기 때문이다. 돌아가서 종을 만들어 말의 목에 매달면 성공할 것이다."고 했단다. 이후 종과 방울을 달고 길을 나선 노부상부가 장사에 크게 성공했다는 이야기다.

대장 외에 다른 녀석들의 목에는 종을 매단다. 크기가 다양해서 녀석들이 움직일 때마다 여러 종소리가 섞인다. 이 종소리는 일종의 신호 역할을한다. 좁은 길을 가다 종소리가 들리면 길 안쪽으로 비켜서는 게 안전하다.

짐에 부딪히지 않도록 노새들이 지나간 후에 가는 게 좋다. 겁이 많은 녀석들은 놀라면 행동이 커진다. 자기들끼리 부딪히면서 짐이 떨어지고, 그러면 더 놀라 무리 전체가 흐트러진다. 심할 경우 부딪힌 노새가 절벽 아래로 떨어지기도 한다. 뒤에 따라갈 때도 조심해야 한다. 화가 나면 가차 없이 강력한 뒷발차기를 날리기 때문이다.

우리가 스태프들을 바라보는 시선은 비슷했다. 다들 네팔인 3명을 좋게 보았다. 그들은 매일 새벽 4시 반에 일어나 아침 식사와 점심 도시락을 준비했다. 언제나 시간을 정확히 지켰다. 야영지에 도착하면 주방 기구와 식자재부터 정리했다. 늘 음식을 만들고 정리하느라 분주했다.

반면 롭상과 남걀은 게을렀다. 롭상은 가장 늦게까지 잤다. 남걀은 아침 식사 때까지 식당 텐트에서 자다 H님에게 지적을 받기도 했다. 네팔인들이 새벽부터 세숫물과 차를 끓일 때도, 식사 준비로 바쁠 때도 롭상과 남걀은 보이지 않았다. 같은 스태프여도 궂은일은 전부 네팔인들이 했다.

우리는 고생하는 네팔인들에게 뭐라도 챙겨주고 싶었다. 그래서 어차피 줘야 할 팁을 그들에게 먼저 주기로 했다. 지나가는 까지를 불러 두툼한 팁을 안겨주자 그는 나를 덥석 끌어안았다. 그러고도 연신 고맙다고 했다. 주방 텐트의 랄아저씨와 꺼비에게도 팁을 줬더니 다들 너무 좋아했다. 까지는 다시 한 번 나를 끌어안았다. 팁에 대한 이런 극적인 반응은 처음이었다. 바라보는 우리가 더 흐뭇했다.

이 일은 의도치 않은 변화를 가져왔다. 남걀은 그동안 우리에게 서비스가 좋지 않았다. 그런 그가 갑자기 테이블을 말끔하게 정리하고 커피잔에 티스푼까지 넣어 가져왔다. 롭상은 앞으로 말 3마리가 우리의 짐과 텐트를 지고 먼저 출발할 것이라 했다. 마부들은 다음날부터 일찍 출발하겠다고 했다.

물을 건너는 일행

독사 야영지에서 쉬고 있는 노새와 말들

찬란한 아침이 밝았다. 갑자기 스태프 모두가 부지런해졌다. 텐트가 벌써 철수되었고, 요리 팀도 빠르게 정리하는 중이었다. 노새와 말들도 출발 준비로 분주했다. 우리는 그들의 변화에 어안이 벙벙했다. 몇 번이나 시정을 요구했던 것들이 네팔인들에게 준 팁 한 방으로 해결되었다. 돈은 정말 편리한 도구였다.

판당라(Pandang La 5150미터)를 넘는 날이라 마음을 단단히 먹고 출발했다. 까마득한 고갯길까지 한참이나 남았지만, 모든 것이 순조롭고 평화로운 듯 보였다. 언덕에 올라서자 우리가 가야 할 길이 훤히 보였다. 그때 저 아래에서 노새와 말들이 보이기 시작했다. 녀석들은 판당라 직전에 우리를 따라잡기까지 했다. 처음 있는 일이었다.

먼지를 일으키며 하산하던 노새가 갑자기 쓰러졌다. 마부 하나가 녀석의 콧구멍에 손가락을 넣어 피를 냈다. 롭상은 녀석이 밤새 풀을 뜯고 아침에 남은 밥까지 먹어 배가 아픈 거라 했다. 그러고 보니 누워 있는 노새의 배가 터질 것처럼 빵빵했다. 마부들이 짐을 풀어 다른 녀석들에게 옮기자, 그제야 살았다는 듯 일어났다.

마부들이 멈춘 곳은 야린춘(Yarinchun 4510미터)이었다. 물이 가까운 곳이라 발 딛는 곳마다 스펀지처럼 물이 배어났다. 양지바른 곳이라도 이런 곳에 텐트를 치면 아침에 몹시 춥다. 마른 땅은 바람이 불 때마다 먼지가 나지만 초지보다는 덜 썰렁한 편이다.

노새와 말들은 풀을 뜯는가 싶더니 한참을 그대로 있었다. 한밤과 새벽에도 풀 뜯는 걸 보면서 도대체 잠은 언제 자나 궁금했는데, 이제 알았다. 소와 말은 낮에 잠깐씩 서서 세 시간 정도만 잔단다. 아침에 눈을 감고 서 있었던 게 실은 잠을 자고 있었던 모양이다.

판당라 가는 길

판당라 가는 길에 붉게 물든 초지

배가 아파서 쓰러진 노새

야린춘으로 향하는 노새와 말들

06

잔
스
카
르
의

붉
은

가
을

우리의 출현에 놀란 산양 떼가 뿌연 먼지를 일으키며 내려갔다. 녀석들
은 눈 깜짝할 사이에 계곡을 지나 맞은편 비탈로 가뿐하게 올라섰다. 넋을
놓고 바라보던 우리는 다시 걸음을 재촉했다. 이곳의 산은 여러 물감을 섞
어 놓은 듯 오묘했다. 먼 옛날 해저산맥이었던 곳이 지금은 수많은 고개를
품은 산이 되었다. 마른 산은 물을 품고 있다가 땅 위로 뱉어내고, 식물들
은 물이 있는 자리마다 어김없이 뿌리를 내렸다.

고갯길에 올라서자 색색의 풀이 수를 놓은 듯했다. 울긋불긋 단풍이 든
것처럼 곱고 다채로웠다. 히말라야에서 만난 풍경은 언제나 나의 상상을
넘어섰다. 지금 내 앞에 나타난 풍경만 해도 도무지 이해의 영역이라 할
수 없었다.

고개 안쪽에 자리 잡은 닝리(Ningri 4350미터)는 아늑했다. 적당한 초지
에 맑은 물이 흘렀다. 주변에는 야크(Yak)들이 자유롭게 돌아다녔다. 야
크는 히말라야에서 상징적인 동물 중 하나다. 보통 '야크'라 하지만 엄밀
히 말하면 수놈이 야크고 암놈은 나크(Nak)다. 4000~6000미터 고산지대
에 살며 무게가 500~1000킬로그램까지 나간다. 날카로운 뿔은 위엄이 넘

124

치고 큼지막한 눈망울은 한없이 순하다. 풍성한 털이 커다란 몸을 덮고 있어서 추위에도 거뜬하다. 폭설이 내릴 때조차 아무것도 먹지 않고 일주일을 버틸 수 있다고 한다.

테트 안의 짐을 정리하고 근처 언덕으로 올라갔다. 노랗고 빨갛게 물든 풀 사이로 우리의 텐트가 작은 마을처럼 보였다. 이렇게 보고 있자니 그간의 힘듦과 불편함이 잠시나마 잊혔다. 상상만 하던 곳을 직접 와서 보는 즐거움. 지금 이 자리에 있음이 감사했다.

먼지를 일으키며 뛰어 내려가는 산양들

아늑한 닝리 야영지

자유롭게 풀을 뜯는 야크들

고개로 걸음을 옮기는 동안 눈앞을 의심했다. 며칠 사이로 풍경이 이토록 달라질 수 있단 말인가. 화원 한가운데 있는 것처럼 키 작은 식물들이 화려하게 물들었다. 유화물감을 톡톡 찍어 놓은 듯 독특하고 아름다웠다. 살아 있는 모든 것이 계절의 변화에 순응하고 있었다.

샤데패스(Shade Pass 4820미터)를 코앞에 두고 있는데, 어느새 노새와 말들이 따라잡았다. 녀석들은 무표정하게 걷다 쉬기를 반복했지만 멈추지 않았다. 샤데패스는 바람이 심해 더 있지 못했다. 정신없이 내려갔다. 그러다 잠시 뒤돌아보다 깜짝 놀랐다. 얼른 카메라부터 꺼냈다. 지나온 길이 화장을 한 듯 빨갛게 물들어 있었다. 구름이 지날 때마다 부드럽게 흘러내린 산허리에 그림자가 드리워졌다. 매혹적이고 근사한 풍경이었다. 걸음을 멈추고 잔스카르의 붉은 가을을 바라보았다. 이런 풍경을 보여주려고 그리 마음고생을 시켰나. 이제야 마음이 누그러졌다. 아름다움은 그 자체로 충분한 보상이 되었다.

외떨어진 작은 마을 샤데(Shade 4200미터)는 조용했다. 보아하니 주변에 다른 마을도 없는 듯했다. 날짜를 헤아려 보니 장라에서 5일이나 걸렸다. 우리 야영지는 마을을 내려다 볼 수 있는 곳에 있었다. 텐트를 칠 적당한 자리를 찾고 있는데 Y님이 내게 자리를 양보해 주었다. 이후에도 Y님은 종종 자리를 양보했고, 그때마다 마음 한구석이 찔렸다. 먼저 도착한 사람이 좋은 자리를 선점하는 게 당연하다 생각했다. 그랬기에 지금까지 누구에게도 자리를 양보한 적이 없었다. 오히려 좋은 자리를 차지하기 위해 서두르기까지 했다. Y님의 배려 덕분에 나는 처음으로 자리를 양보해도 좋겠다고 생각했다. 그간 좋은 곳에서 야영을 참 많이 했다. 이제는 야영지에 덜 욕심 부려도 괜찮을 것 같았다.

일행 중 유일하게 고맙다고 인사를 해 온 사람은 Y님 뿐이었다. 그는 멋진 곳을 저렴하게 왔다며 몇 번이고 고맙다고 했다. Y님은 반말을 섞은 애매한 존댓말을 하지 않았다. 누구에게나 말을 높였다. 대화할 때는 질문형으로 했다. 상대의 의견을 먼저 묻고 자신의 의견을 말했다. 존중받는 느낌이었다. 존중받는다 생각하니 나 역시 존중하게 되었다. 사람은 알게 모르게 주변의 영향을 받는다. 배려받아보니 배려할 마음이 생기고, 존중받아보니 존중이 보였다.

"내가 너의 편이 되어 줄게."

난감한 일이 있었을 때 이 말을 해주었던 사람이 떠올랐다. 내 편이 되어준다는 말이 정말 따뜻하고 고마웠다. 나는 왠지 Y님이 내 편이 되어주는 것 같았다.

닝리를 지나 만난 언덕에서 지나온 길을 배경으로

샤데패스 가는 길

샤데패스를 내려가며 손을 흔드는 마부

9월 중순이 넘자 기온이 뚝 떨어졌다. 샤데는 다른 곳보다 추웠다. 아침이면 등이 시릴 정도로 썰렁했다. 모처럼 맞는 휴일이라 아침을 먹자마자 빨래부터 했다. 그사이 출근하는 염소와 양들이 야영지를 지나 산으로 올라갔다. Y님과 H님은 마을 구경에 나섰다.

샤데는 전통적인 티베트 가옥이라, 볕이 잘 들도록 남쪽을 향해 성채처럼 지어졌다. 1층은 가축우리와 곡식 저장고로 쓰고, 2층은 사람들이 생활한다. 1층에 가축을 두는 이유는 그 열기를 난방 수단으로 쓰기 위해서다.

이곳에서 키우는 가축은 고기, 털, 젖 그리고 땔감이 되는 똥을 제공한다. 의식주의 모든 것이나 다름없었다. 담벼락에 부침개처럼 펼친 야크 똥이 많이 붙어 있다면, 창고에 마른 똥이 가득하다면 그 집은 부자라고 봐도 좋았다. 그만큼 소유한 야크가 많다는 뜻이다.

마른 야크 똥은 집안에서 땔감으로 사용해도 냄새가 나지 않는다. 화력 또한 오래 유지된다. 마른 염소 똥을 섞어서 때기도 한다. 세상이 아무리 발전해도 오지에 사는 이들의 생활은 그대로였다. 다만 여기저기 찻길이 생기면서 자동차를 이용하는 일이 잦아지긴 했지만 말이다.

어떤 여행자는 티베트, 네팔, 라다크 같은 곳이 언제나 오지로 남기를 바란다. 내가 누리는 달콤한 문명의 혜택은 당연하면서도 그들은 전통을 고수하길 바란다. 여행자의 욕심이자 오만이다. 현지인들에게 발전은 기다리는 일인지도 모른다. 도로가 생기든 전기가 들어오든, 그들이 선택할 문제이고 그들의 삶이다. 그로 인해 생길 수 있는 부작용 또한 그들이 감내해야 할 몫이다.

6년 동안 네팔 히말라야를 다니며 산간 마을마다 도로가 뚫리는 것을 목격했다. 네팔 동쪽부터 서쪽까지 모든 곳이 공사 중이었다. 산이 파헤쳐지고, 사람들은 걷는 대신 차를 타고 이동했다. 마을과 마을 사이에 튼튼한 현수교가 생겼다. 외딴 마을에도 전기가 들어왔다. 세상은 계속해서 변해왔다. 그 변화 속에서 과연 누군가의 희생을 전제로 하는 '멈춤'이 타당한 것일까?

아이들에게 주는 초콜릿이나 사탕도 그렇다. 여행자들이 지날 때마다 아이들은 "기브 미 초콜릿"하고 구걸한다. 거절하면 욕을 하거나 심지어 돌까지 던진다. 새카맣게 썩은 아이들의 이를 보면 마음이 좋지 않다. 아이들을 그 지경으로 만든 여행자의 잘못이 크다. 우리에겐 한 번이지만 아이들에겐 수십, 수백 번일 수 있다.

지나가는 여행자는 뒷일을 생각하지 않는다. 주는 것은 그저 좋은 일이라 생각한다. 실은 그게 아이들을 거지로 만드는 일인데도 말이다. 그렇다 보니 네팔 일부 지역은 정부 차원에서 아이들에게 초콜릿을 주지 말 것을 당부한다. 무언가를 준다는 게 반드시 옳은 영향을 주는 건 아니다. 그 또한 여행자의 이기적인 마음일 뿐이다.

마을에 다녀온 Y님과 H님이 고깃감으로 양을 사 왔다. 스태프들과 반씩 계산하기로 했다는데 우리 몫은 Y님이 계산했다. 나는 여전히 살생을 하지 않았으면 했지만 아무 말 하지 않았다. 고기를 좋아하는 사람은 고기가 필요할 테니까. 양은 지난번 것보다 훨씬 컸으나 가격은 저렴했다. 마부 둘이 양을 잡았다. 내가 카메라를 들자 그들은 양을 잡는 모습을 찍지 말아 달라고 했다. 굳이 설명하지 않아도 이해할 수 있었다.

Y님은 럭시를 살 때 창을 끼워주었다며 내 몫으로 챙겨주었다. 이젠 나도 전통주 한 잔할 수 있는 마음의 여유가 생겼다. 우리는 누구도 술에 욕심내지 않았다. 어떤 술이든 한 잔씩만 마셨다.

계절의 변화가 눈에 띄게 빨라졌다. 개울가에 고드름이 잔뜩 매달렸다. 샤데를 벗어나자 확 트인 평원이 나왔다. 언덕에 자리 잡은 몇 채의 집은

출근하는 염소와 양들

샤데의 티베트 전통가옥

멀리서 보기에도 메마르고 푸석했다. 롭상은 그곳을 가리키며 물이 없어 사람이 살지 않는다고 했다. 황량한 평원은 곳곳에서 세월의 흐름을 보여 주었다. 오랜 시간 바람에 깎인 흙더미는 묘한 형상이었고, 그 위의 덤불은 건조한 표정으로 자리를 지켰다.

두 물길이 만나는 숨도에는 계곡을 건너는 작은 나무다리가 있었다. 여기서 오른쪽으로 가면 유명한 푹탈곰파(Phugtal Gompa)다. '해탈의 동굴 사원'이라는 뜻으로 라다크의 여러 곰파 중 가장 발길이 닿기 어려운 곳이다. 일정에 포함한 곳이지만 우리는 가지 않았다. 경로에서 벗어났다가 다시 돌아오는 것을 다들 내켜 하지 않았다. 하루에 다녀오기에 너무 멀기도 했다.

우리는 왼쪽으로 향했다. 힘차게 흐르던 계곡이 상류로 갈수록 마른 계곡으로 변했다. 가만 보니 돌멩이 아래로 수줍게 흐르는 물이 보였다. 계곡을 벗어나자 곧바로 길이 곤추섰다. 하루 쉬었다고 금세 다리가 묵직했다. 짐을 짊어진 노새처럼 잠깐 쉬고 걷기를 반복했다. 걸으면 걸을수록 걷는 게 수월할 것 같지만 무슨 일이든 한계점이 있기 마련이다.

파키스탄에서 걷고 며칠 만에 바로 인도로 왔으니 벌써 석 달째 걷고 있었다. 피곤이 쌓여 몸이 전체적으로 무거워졌다. 이럴 때는 2~3일만 쉬어도 피곤이 풀린다. 하지만 트레킹 때는 보통 일주일에 한 번 정도 쉰다. 그마저도 너무 많다고 하는 이들이 있지만, 먼 길은 쉬면서 가야 한다. 그래야 멀리 오래 갈 수 있다.

올라가는 동안 백인 노부부 팀을 만났다. 할머니는 쌩쌩한데 할아버지는 심각할 정도로 느렸다. 환자가 걷는 것처럼 불안해서 곧 쓰러질 것 같았다. 우리가 30분이면 올라갈 곳을 그들은 무려 3시간에 걸쳐 내려오는 중이라 했다. 60대 초반의 할아버지는 Y님과 같은 나이인데 80대처럼 보였다. 그런데도 이 험한 곳에 왔다니 놀랍고 대단했다.

날로쿤체라 베이스캠프(Nyalo Kuntse La BC 4400미터)는 협소했다. 물이라고는 땅속에서 졸졸 흘러나오는 게 유일했다. 롭상은 이곳에 '날로'라는 식물이 많아서 '날로쿤체'로 불린다고 했다. 내가 기름 식물로 부르는 풀이었다. 날로는 초록일 때 기름 같은 것을 주변에 뿌리다 가을이면 붉게 물든다. 그리고 추워지면 줄기에서 대패로 깎아 놓은 것 같은 얼음꽃이 핀다.

텐트가 설치되면 주변의 돌을 가져다 텐트 아래를 막았다. 이렇게 하면 바람이 들어오는 것을 조금이나마 막을 수 있었다. 텐트 입구에는 돌을 깔아서 들고날 때 먼지가 일지 않도록 했다. 딱히 할 일이 없는 야영지에서는 이런 소소한 작업마저 즐거움이 되었다.

얼음꽃이 핀 기름 식물

샤데를 벗어난 뒤 만난 강

07

바
뀌
는

지
형

아침에 일어나기 싫어질 정도로 텐트 안이 썰렁했다. 점점 추워지고 있음을 실감하는 중이라 밤마다 걱정이었다. 아무래도 침낭이 부실한 듯했다. 오전 트레킹 때는 내내 손이 시려 손끝을 주물러야 했다. 수시로 콧물이 흐르고 마른기침도 자주 나왔다. 라다크의 가을은 생각보다 추웠다.

고턴타라(Gothurstar La 5150미터)는 긴 오르막이었다. Y님이 선두에 서고 내가 그 뒤를 따랐다. Y님은 사뿐사뿐 가볍게 걸었다. 그에게 걷기란 극복해야 할 무엇이 아니라 일상의 편안함 같았다. 그런 Y님도 화장실이 급할 때는 한참 앞서서 갔다. 일행 중 누군가 서둘러 앞서거나 아예 뒤처진다면 급하게 해결할 일이 있겠거니 한다.

뒤돌아보니 지나온 길이 실처럼 가느다랗게 이어졌다. 그 위로 노새와 말이 작은 구슬처럼 보였다. 아래로는 까마득한 절벽이었다. 멀리서는 위태로워 보였지만 막상 걸으면 그렇지 않았다. 길은 평평한 것 같으면서도 좀처럼 속도가 나지 않았다. 문득 이 땅에 이런 길이 얼마나 있을지 궁금했다. 마음 같아서는 그 길 모두를 걷고 싶었다. 걷는 건 힘들지만 고개를 넘고 길을 연결하는 일이 즐거웠다. 그런 생각을 하면 여전히 마음이 뜨겁다.

정상에서 Y님과 서로의 사진을 찍어주며 H님을 기다렸다. Y님은 H님의 사진을 찍어주려고, 막 도착한 그를 몇 차례나 불렀다. 어쩐 일인지 H님은 본체도 않고 곧바로 하산했다. 무슨 일인가 싶어 우리도 부랴부랴 출발했지만 이유를 알 수 없었다. 하산은 무지막지했다. 1000미터도 넘게 내려가야 하다 보니 고도가 계속해서 떨어졌다. H님은 쉬지 않고 내려갔다. 그 뒤를 롭상이 경쟁하듯 바짝 붙었다. 점심을 먹고 나서도 두 사람은 내달리기 바빴다.

마지막으로 내가 호모체(Hormoche 3950미터)에 도착했을 때 롭상은 빨래를 하고 있었다. 그 모습을 보자 화가 치밀어 올랐다. 그가 가이드로서 얼마나 형편없는지를 한국어로 쏟아냈다. 가이드라는 사람이 여행자보다 먼저 내려와 빨래하다니. 이런 경우는 처음이었다. 그는 마치 이곳에 놀러 온 사람처럼 행동했다.

고턴타라 가는 길

고턴타라 절벽 길

강을 거슬러 올라가는 길에 조개껍데기가 잔뜩 박혀있는 바위를 만났다. 먼 옛날 이곳이 바다였음을 적나라하게 보여주는 증거였다. 평원을 지나자 절벽 길로 바뀌었다. 맞은편으로 성처럼 생긴 거대한 흙벽이 나타났다. 오랜 세월 침식작용이 만들어낸 작품이었다. 숨도에 이르자 왼쪽의 청록빛 물과 오른쪽의 회색빛 물이 섞여 옥빛으로 흘러갔다. 바짝 마른 땅에 큰물이 흐르는 모습은 여전히 신기했다.

등산화를 벗고 청록빛 물을 건넜다. 물이 허벅지까지 차올랐다. 천천히 움직였다. 곧이어 도착한 노새와 말들도 물을 건넜다. 더러는 목을 축이기도 했다. 마부들은 말을 타고 유유히 건너면서도 녀석들이 깊은 곳으로 가지 않도록 했다. 까지는 더 아래쪽에서 허리까지 차는 물을 씩씩하게 건넜다. 그의 머리 위로는 검은 산이 있었고, 산 아래 나무는 노랗게 물들어 있었다.

노새와 말들은 고집이 대단했다. 절대 무리에서 벗어나는 법이 없었다. 절벽 길이 위험해 보이자 마부 하나가 녀석들 일부를 강 아래쪽으로 보냈다. 하지만 녀석들은 대장 말을 따라 기어코 절벽 길로 올라갔다. 먼지를 일으키며 따라가는 모습이 위태로워 보였지만 다행히 다들 무사히 지나갔다.

흙산만 있던 곳을 벗어나자 새로운 풍경이 나타났다. 하늘은 파랗고 붉은 바위산은 기이했다. 그 사이로 옥빛 물이 유유히 흘렀다. 잔스카르에서 만난 풍경은 비슷한 것 같으면서도 달랐다.

Y님과 나는 매번 이런 풍경에 감탄하며 걸었다. 반면 H님은 지겹다고 했다. 매일 삭막한 길을 걷는 일이 누군가에게는 고통일 수 있었다. 극적인 변화가 없고, 끝이 보이지 않는 황량한 길은, 아무리 걷기 좋아하는 사람에게도 고행일 수 있음을 알았다.

롭상은 어제 내가 한국어로 쏟아낸 말을 전부 알아들은 것처럼 행동했다. 맨 뒤의 나를 기다리며 수시로 휴식을 권했다. 쉬고 싶지 않았지만 그의 말을 따라주었다. 3명이 되었을 때 분위기가 달라진 만큼 롭상에게 말했어야 했다. 내가 무엇을 원하고 롭상이 어떻게 했으면 좋겠는지. 정확하게 알려줘야 서로 오해가 없는데, 나는 여전히 그런 것에 서툴렀다. 그가 눈치껏 해주기를 바랐다.

절벽 길을 지나는 중이었다. 노새의 짐이 떨어지는 바람에 약간의 소동이 일었다. 짐과 한 몸인 녀석들이 행여 발을 헛디딜까 걱정되었다. 마부들이 짐을 다시 싣는 동안에도 조마조마했다. 절벽 길을 무사히 통과하는가 싶더니 이번에는 길이 뚝 끊겼다. 노새와 말들은 가파른 경사를 우르르 내려갔다가 다른 쪽으로 올라갔다. 나도 뒤를 따랐다. 이런 곳에서는 조심할 게 한둘이 아니다. 별일 없이 걷는 것만큼 큰 행운도 없었다.

산으로 둘러싸인 넓은 초지가 나왔다. 사탁(Satak 4000미터)이었다. Y님은 기회가 있을 때마다 물가에서 세수하고 발을 닦았다. H님은 지루하다면서도 야영지에 도착하면 언덕을 올라 주변을 살폈다. 어쩌면 그가 지루해한 건 풍경이 아니라 마음인지도 모르겠다.

오후에는 한 차례 싸락눈이 날렸다. 우리의 짐꾼들은 풀을 뜯느라 여념이 없었다.

세월이 만든 흙벽

강을 건너는 마부

조개껍데기가 박힌 바위

잔스카르의 붉은 산

밤사이 산꼭대기가 하얗게 덮였다. 아침을 먹으러 주방 텐트로 가는데 검정말이 쓰러져 버둥거렸다. 반쯤 뒤집힌 눈에 거친 숨을 내뿜으며 곧 죽을 것처럼 쌕쌕거렸다. 마부는 지난번처럼 말 콧구멍에 손가락을 넣고 몇 번에 걸쳐 코피를 냈다. 롭상은 독초를 먹어 그런 것이라 했다. 노새나 말이 독초를 먹으면 아무리 응급처치를 해도 서서히 말라간다. 당분간 짐을 져서도 안 되고 1년 동안 잘 먹여도 제대로 회복하기 어렵다. 녀석은 곧 일어났지만 여정이 끝날 때까지 짐을 지지 않았다. 다른 녀석들이 힘겹게 걸을 때도 혼자 풀을 뜯는 자유를 누렸다.

뾰족하던 산이 소의 등처럼 한결 부드러워졌다. 거대한 모래언덕처럼 보이기도 했다. 생명이 살지 못할 것 같은 이곳에도 여름이면 풀이 자랐다. 얼마나 많은 염소와 양이 다녀갔는지 무수한 발자국이 만든 길이 뚜렷하게 나 있었다.

외딴 마을도 만났다. 지금은 아무도 살지 않는 작은 마을. 사람의 손길이 닿지 않은 집은 곳곳이 무너져 있었다. 꽤 넓은 경작지엔 마른 풀만 무성했다. 한때는 사람도 가축도 있었을 곳이 지금은 폐허가 되었다. 흐릿한 날씨 탓일까. 쓸쓸한 마을이 마음에 걸려 걸음을 멈추고 바라보았다.

날씨가 심상치 않다 싶더니 우박이 쏟아졌다. 부랴부랴 비옷을 꺼내 입었다. 그 사이 일행들은 저만치 앞서갔다. 걷는 동안 비옷의 모자가 시야를 가려 답답했다. 카메라 가방이 젖지 않게 신경 쓰느라 몇 번이나 걸음을 멈췄다. 그 와중에 만난 오르막에선 땀이 줄줄 흘렀다. 이러지도 저러지도 못하는 바람에 정신이 몹시 사나웠다.

아침이 부실했는지 금방 배가 고파 허리가 앞으로 숙여졌다. 우박은 곧 눈으로 바뀌었다. 금방 그칠 것 같지가 않았다. 점심 먹을 곳을 찾아 두리번거렸다. 롭상은 눈을 피할 수 있는 곳까지 더 가기를 원했다. 한참을 걸었지만 그런 곳은 나타나지 않았다.

배고픔을 참을 수 없었던 나는 아무 데나 앉아 도시락을 먹었다. 그러자 롭상도 먹을 것을 꺼냈다. 먼저 점심을 먹은 Y님과 H님은 가던 길을 계속 갔다. 점심을 먹는 동안 땀에 젖은 옷이 식자 몸이 떨렸다. 화장실도 가고 싶은데 마땅한 곳이 없었다. 롭상에게 양해를 구하고 먼저 출발했다. 문득 롭상이 밥을 먹고 있는데 먼저 출발한 게 미안했다. 각자 사정이 있겠지만, 우리 중 아무도 그를 기다려주지 않았다.

길은 끝날 만하면 다시 이어졌다. 이 고개만 넘으면 야영지가 나타나겠지 했던 게 벌써 다섯 번째였다. 초멧식(Tsomeksik 4100미터)을 앞두고 롭상이 쉬어가자며 불렀다. 그와 양지바른 곳에 앉아 마부들이 올 때까지 기다렸다. 구름은 여전히 오락가락했다. 말없이 눈앞의 흙산과 멋진 굴곡을 이루며 흘러가는 강을 바라보았다.

롭상이 조용히 지난번 일을 사과했다. 따지고 보면 그를 탓할 것도 아니었다. 우리는 결코 좋은 팀이 아니었다. 다들 개성이 강하고 고집이 셌다. 이런 사람들을 상대하기에 롭상은 너무 어렸고 경험도 부족했다. 나는 그에게 명확한 기준을 제시했어야 했는데 그러지 못했다. 사람들을 데려와 놓고 중심을 잡지 못했다. 전체를 보지 않고 혼자 걸을 궁리만 했다. 내가 가이드라도 이런 팀은 어려웠을 것이다. 나도 그에게 사과했다. 오해가 이해가 되는 과정은 무거우면서도 가벼웠다. 희미한 종소리가 들리기 시작했을 때 우리는 자리를 털고 일어났다. 앞서간 두 사람은 이제 보이지 않았다. 다른 날보다 먼 길이었다.

H님은 내가 도착한 걸 알면서도 알은체하지 않았다. 타이밍을 놓쳤을 수도, 그럴 필요를 느끼지 못했을 수도 있다. 내가 칸지에서 그랬던 것처럼 어떤 사정이 있었을 것이다. 어떤 이유였든 섭섭하지 않았다. 돌고 도는 서

로의 처지를 다시 한 번 확인했을 뿐, 이해할 수 있을 것 같았다.

장라에서 Y님과 H님이 남겠다고 했을 때 기뻤다. 그들이 좋았기에, 이제부터는 같이 걸으며 즐거운 이야기를 나누게 될 줄 알았다. 셋이 잘 지낼 것으로 생각했다. 역시 세상일은 뜻대로 되지 않았다. Y님과 나는 편하게 지냈지만 H님의 표정은 점점 어두워져 갔다.

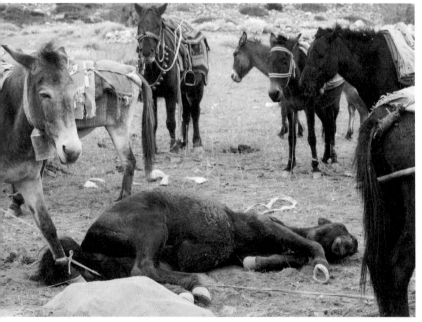

독초를 먹고 쓰러진 말

사람들이 떠난 마을

초멧식 가는 길의 옥빛 강

흙목욕을 하는 노새

롭상은 눈 때문에 모랑라(Morang la 5300미터)를 넘지 못할 수도 있다는 말을 자주 했다. 하도 그런 말을 해서 우회 길을 제시했더니 모르는 길이라며 꼬리를 내렸다. 출발하자마자 우박과 싸락눈이 내렸지만 금방 그쳤다. 긴 오르막이 시작되자 정신이 혼미할 정도로 갑갑했다. 밤새 너무 추워 내복에 두꺼운 바지까지 껴입은 게 화근이었다. 사람들을 모두 보내고 내복을 벗었더니 그제야 살 것 같았다. 그러는 동안 Y님과 H님은 벌써 저 앞에까지 갔다. H님은 한참이나 앞섰다. 그는 요새 목적지에 먼저 도착하는 것에 자부심을 느끼는 듯했다. 그만큼 체력이 좋아졌다는 뜻이기도 했다.

정상이 가까워지자 너무 숨이 찼다. 두 발에 돌덩이를 매단 것처럼 걸음을 떼기가 버거웠다. 몇 발짝 걷다 쉬기를 반복했다. 고개를 넘어 또 다른 고개를 만나는 일이 무한 반복되는 느낌이었다. 롭상의 우려와 달리 모랑라 정상에는 눈이 없었다. 고도시계를 보니 5300미터나 됐다. 5시간 동안무려 1200미터나 올라왔다. 어쩐지 다른 고개들보다 힘들다 했다.

고개를 넘자 회색이던 산이 붉은 산으로 바뀌었다. 산 너머로 눈 덮인 산맥도 보였다. 알몸의 산은 구름의 그림자마저 도드라지게 했다. 시커먼 형체가 산을 가렸다가 이내 사라졌다. 까마득한 내리막에는 먼저 내려간 사람들이 까만 점이 되어 움직였다.

붉은 계곡의 끝에 있는 탁스타고(Takstago 4550미터)는 완벽한 곳이었다. 바위와 언덕으로 둘러싸인 별천지였다. 일부러 만들어 놓은 것처럼 초지가 있었고, 그 앞으로 깨끗한 물이 흘렀다. 야영지 구석에는 샘물도 있었다.

다시 맞이한 휴일 아침에는 날씨가 기가 막혔다. 주방 텐트에서 플라스틱 양동이를 빌려다가 빨래부터 했다. 빨래는 간단했다. 비누칠한 빨래를 양동이에 넣고 발로 밟기만 하면 끝났다. 개울의 돌을 치워 넓고 깊게 만들었다. 이렇게 하면 흐르는 물이 자동으로 빨래를 헹궈준다. Y님과 H님도 모처럼 빨래를 했다. 스태프들도 저마다 빨랫감을 들고나왔다. 롭상은 배낭까지 빨았다. 모든 게 잘 말라가는, 흐뭇하고 뿌듯한 날이었다.

　저녁에 캐나다인 4명이 도착했다. 60대인 그들은 커다란 배낭을 지고 있었다. 여자들의 배낭도 28킬로그램이나 되었다. 그들의 최종 목적지는 칸지였다. 지금까지 우리가 왔던 길을 그대로 거슬러 올라가야 했다. 최소한의 먹을 것과 모든 장비를 지고 다니는 여행. 그 나이에 체력도 열정도 대단했다. 나는 20~30대에 매주 큰 배낭을 지고 산에 다니며 무릎을 혹사했다. 이제는 무거운 짐을 지고 다니지 않는다. 미래의 체력을 당겨쓰는 것만 같아서다. 그저 낮은 강도로 천천히, 오랫동안 걷고 싶다.

모랑라 하산 길

탁스타고 야영지

Chapter 2

라다크 창탕고원

유목민의 땅

잔스카르가 '붉은 바위산과 협곡의 땅'이라면, 창탕(Changthang)은 '동쪽의 평평한 땅'이다. 지구상에서 가장 넓은 고원인 창탕은 중국의 티베트와 인도의 라다크에 걸쳐 있다. 면적은 100만 제곱킬로미터에 달하며, 티베트 전역의 절반에 해당한다. 게다가 북쪽의 쿤룬 산맥과 남쪽의 히말라야 산맥 사이에 있어 평균 고도가 4400미터나 된다. 티베트고원 서북부에서 가장 높고 혹독한 곳인 셈이다.

라다크에서도 창탕고원은 가장 추운 곳에 속한다. 거기다 큰 하천이 없고 추운 곳이라 대부분 사람이 살기 어려운 불모의 땅이다. 창탕은 5월이 되면 4000미터 지대에서부터 풀이 나기 시작해 7월에 해발 5000미터까지 초지가 형성된다. 8월 중순만 되어도 눈이 내리고, 7개월간 이어지는 겨울에는 영하 40도까지 내려간다.

이 극심한 곳에서도 삶을 이어가는 사람들이 있다. '창파족'은 서북부 고원을 중심으로 유랑하며 살아간다. 예전에는 티베트인의 70% 이상이 유목 생활을 했다. 중국 중앙정부는 이를 통제키 위해 가축 수를 제한했고, 그 결과 유목민 수가 줄었다. 그런데도 티베트인의 절반 이상은 여전히 유목 생활을 한다. 그들은 1960년대까지 풀을 찾아 국경과 상관없이 자유롭게 이동했다. 하지만 지금은 인도와 중국의 영토 분쟁으로 쉽지 않은 일이 되었다.

창탕고원 트레킹은 비교적 대중적인 코스다. 차량 이동이 가능한 곳이 많아 오지라는 느낌이 덜하다. 3~4일 정도 평평한 도로를 따라 걷기도 한다. 잔스카르에 비해 풍경의 변화가 거의 없어 단조로울 수 있다. 하지만 거대한 호수를 따라 걷는 등 색다른 매력을 품고 있다. 야생동물을 자주 만날 수 있는 것도 흥미롭다. 트레킹은 전 일정 야영으로 진행한다. 일부 구간은 백패킹이 가능하고 길도 어렵지 않은 편이다.

초모리리(Tsomoriri 4550미터)는 라다크의 유명한 호수 중 하나다. 하지만 레에서 220킬로미터 떨어져 있다 보니 관광객이 많이 찾는 편은 아니다. 바다처럼 보이는 호수의 규모는 보기보다 상당하다. 길이 24킬로미터에 폭 5~8킬로미터, 최대 수심이 40미터다. 호수 옆에는 작은 마을인 코르족(Korzok)이 있다. 마을의 가장 높은 곳에는 19세기에 세워진 코르족 곰파가 있는데, 현재까지도 마을의 중심 역할을 하고 있다.

초모리리호수에서 남서쪽 파랑추(Parang Chu)로 들어서면, 얼음으로 덮인 파랑라(Parang La 5550미터)를 만난다. 파랑라는 과거 유목민들이 무역을 위해 스피티(Spiti)까지 넘어 다닌 길이다. 이 지역 트레킹은 가볍게 초모리리호수만 다녀가는 코스가 있고, 초모리리호수와 파랑라를 연결할 수도 있다. 전자는 대부분 차량으로 이동하는 관광이다. 후자는 난이도가 높은 편이라 철저한 준비가 필요하다. 눈이 오면 고개를 넘지 못할 수 있으니 되도록 여름이 끝나기 전에 넘는 게 좋다. 파랑라를 넘으면 라다크가 끝나고 새로운 땅 스피티가 시작된다.

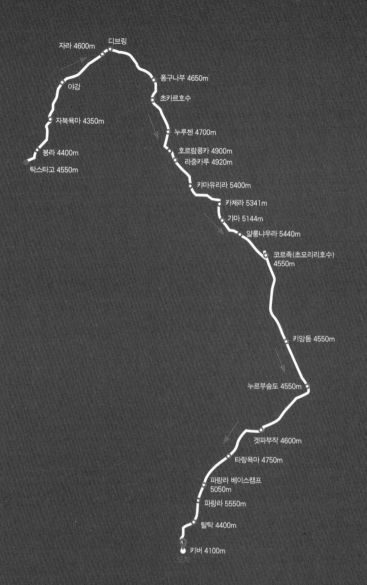

자라 4600m 디브링
야강
풍구나부 4650m
초카르호수
자북욕마 4350m
누루첸 4700m
봉라 4400m
호르람콩카 4900m
탁스타고 4550m
라중카루 4920m
캬마유리라 5400m
카체라 5341m
가마 5144m
얄롱나우라 5440m
코르족(초모리리호수)
4550m

키앙돔 4550m

누르부숨도 4550m

겟파부작 4600m
타랑욕마 4750m
파랑라 베이스캠프
5050m
파랑라 5550m
탈탁 4400m
키버 4100m
도착

이동경로 **탁스타고-자북욕마-풍구나부-캬마유리라-누루첸-코르족-누르부숨도-**
겟파부작-타랑욕마-파랑라-탈탁-키버

08

동
쪽
의

평
평
한

땅

새벽 3시쯤 되었을까. 갑자기 몰려온 노새와 말들의 종소리에 잠이 깼다. 녀석들은 댕그렁 댕그렁 종소리를 내며 텐트 주변을 어슬렁거렸다. 텐트를 고정해 놓은 줄도 여러 번 걸어챘다. 종소리가 시끄럽다고 생각하던 차에 캐나다 남자가 신경질적으로 소리쳤다.

"슬리핑! 링링링~ 스탑!"

몇 번이나 소리치자 마부들이 녀석들의 종을 뗐다. 캐나다 남자는 그러고도 잠이 오지 않았는지, 자주 뒤척이며 트림하고 방귀를 뀌었다.

출발까지 아직 시간이 남았는데 Y님은 벌써 배낭을 멨다. 그 모습에 양치질하던 H님이 발끈하며 한마디 했다. Y님은 행동이 빠른 편이라 늘 가장 먼저 준비를 마치곤 했다. 그러다 보니 시간에 맞춰 준비한 사람도 허둥지둥 서두르는 경우가 생겼다.

롭상은 모랑라를 기준으로 지나온 길은 잔스카르, 앞으로 갈 길은 창탕이라 했다. '탕'은 이곳 말로 평지를 뜻한다. 본격적으로 창탕고원에 들어서자 롭상의 말이 이해가 갔다. 이제부터는 넓고 평평한 고원지대였다. 고원에는 짐승의 짧은 털 같은 마른 풀만이 푸석거렸다. 고목의 껍질처럼 거친 바위들도 군데군데 보였다. 오래전 창탕은 아열대숲이 무성한 곳이었다. 그러다 히말라야가 형성되면서 인도양의 따뜻한 습기가 차단되어 지금의 차고 건조한 땅이 되었다.

산은 어느새 부드러운 흙산으로 바뀌었다. 태초의 모습이 이러할까. 나무 한 그루 없는 알몸의 산. 그 사이로 나무뿌리처럼 뻗은 자라추(Zara Chu)가 흘렀다. 강 옆으로 우뚝 솟은 산은 티베트의 신성한 산 카일라스처럼 보이기도 했다. 강은 산을 휘감은 채 더 멀리까지 뿌리를 뻗었다. 우리는 강이 내뻗은 흔적을 따라 거슬러 올라갔다.

까지가 앞쪽의 수상한 동물을 가리켰다. 야생당나귀였다. 무리 중 몇 마리가 우리를 빤히 쳐다보더니 이내 멀리 달아났다. 손가락처럼 펼쳐진 강을 건너기 위해 등산화를 벗었다. 물이 하도 맑아 바라보기만 해도 개운했다. 등산화를 배낭에 매단 채 물을 첨벙거리며 걸었다. 앞서가던 Y님이 바위 아래를 가리켰다. 저 안에 팔뚝만 한 물고기가 있다고. 랄아저씨도 "툴로 마차(큰 물고기)"라며 자기 팔뚝을 내보였다. 4000미터가 넘는 곳에 사는 물고기라니 놀라웠다.

점심을 먹기 위해 자리를 잡았다. H님은 너무 앞서가서 부를 수 없었다. 혼자 앞서갈 때 나는 매번 홀로 점심을 먹었다. 이제 그가 나의 입장이 되었다. 홀로 앞선 자의 자유로움과 불안함. 내가 초반에 그랬던 것처럼 그역시 자신이 선택한 것을 감당하는 중이리라.

롭상은 누런 초지가 듬성듬성 있는 곳이 자북욕마(Zhabuk Yokma 4350

미터)라 했다. 까지가 마른 똥이 쌓인 곳에 텐트를 치려고 하길래 계곡 옆으로 불렀다. 자리를 잡고 나서 보니 계곡물이 시원찮았다. 겉으로 보기에는 깨끗했지만 가라앉은 게 많았다. 위쪽에서 가축을 방목한다는 뜻이었다. 뒤늦게야 처음 텐트 치려던 곳에 샘이 있다는 사실을 알았지만, 이미 텐트가 설치된 후였다. 물을 끓여서 마셨기에 괜찮겠지 했는데 H님의 생각은 달랐던 모양이다. 기어코 꺼비를 데려가 샘물을 떠 왔다. 괜히 미안했다.

탁스타고에서 출발 준비를 하는 노새와 말들

카일라스를 닮은 산

야생당나귀들

자북욕마 가는 길

자북욕마부터는 차가 다닐 수 있는 길이 있었다. 웬만한 승용차도 다닐 정도로 길이 평평했다. 1시간 반 만에 도착한 상타(Sangtha)에는 아무도 살지 않았다. 마을 맞은편으로 초르텐(Chorten, 고승의 유물을 보관하는 티베트 불탑)의 규모가 제법 컸다. 전에는 사람이 꽤 살았던 모양이었다. 마을에는 물을 끌어 올릴 수 있는 펌프도 있었다. 하지만 계곡에는 바짝 마른 돌멩이뿐이었다. 사람들이 물 때문에 떠났던 걸까?

평평하고 딱딱한 땅을 하염없이 걸었다. 평지는 편안했고, 그만큼 걷는 속도 역시 빨라졌다. 오랜 시간 같은 자세로 걷다 보니 고개를 넘을 때보다 다리가 더 아팠다. 지루함도 한몫했다. 원근감 없는 풍경은 한참을 걸어도 그 자리에 정지한 듯 그대로였다. 보이는 것이라곤 흙색의 벌거벗은 산과 메마른 땅. 티 한 점 없는 새파란 하늘뿐이었다. 셋 다 말이 없는 편이라 같이 걸을 기회가 있어도 이야기를 나누지 않았다. 그러고 보니 여정을 시작한 지 벌써 한 달이 다 되었다. 여행의 설렘과 기쁨이 지루함과 고단함으로 바뀌기 충분한 시간이었다.

롭상이 맞은편 흙산을 가리키며 유목민의 땅이라 했다. 피멍이 든 것 같은 검보라색 황량한 산 아래로 몇 채의 집이 보였다.

걷는 동안 뼈와 가죽만 남은 야생당나귀 사체도 만났다. 히말라야 눈표범의 짓이었다. 딱딱한 땅은 곧 판판한 도로로 바뀌었다. 중등산화를 신고 도로를 걷는 건 최악이었다. 지루함을 넘어 발바닥이 찌릿할 정도로 통증이 느껴졌다.

야영지는 다리를 만나기 직전 계곡 안쪽에 있었다. 이미 군인들이 차지하고 있어서 우리는 더 위로 올라가야 했다. 막 출발하려는데 군인들이 방수포를 깔고 쿠키와 사과주스를 내왔다. 그들에게는 이방인을 만나는 것 자체가 즐거운 일인 듯했다. 우리는 마다하지 않고 주스 통을 든 채 돌아가며 마셨다. 사과주스가 이렇게 맛있었던가. 바닥난 주스 통을 내려다보며 입맛을 다셨다. 오랜만에 먹은 쿠키도 정말 맛있었다.

어제 롭상은 자북욕마에서 자라(Zara 4600미터)까지 이틀에 걸쳐 가자고 했다. 그러려면 일정상 쉬는 날이 없어 보름 동안 내리 걸어야 했다. 나는 며칠에 한 번은 꼭 쉬어야 한다는 주의라 그의 제안이 내키지 않았다. 다들 잘 걷고 있으니 하루 정도는 무리해도 괜찮을 것 같았다. 다행히 롭상이 말한 것처럼 멀지는 않았다. 자북욕마부터 약 23킬로미터, 6시간이 걸렸다. 30킬로미터를 예상했는데 생각보다 짧았다.

황소의 털처럼 누런 초지에 텐트를 쳤다. 검은 돌멩이로 채워진 계곡에는 물이 거의 없었다. 간신히 마실 물만 뜰 수 있는 정도였다. 롭상은 이곳에 물이 없는 이유가, 유목민들이 위에서 펌프로 끌어올리기 때문이라 했다. 그 말을 증명이라도 하듯 저녁이 되자 물이 콸콸 흘러내렸다. 이렇게 흐르려면 수량이 꽤 될 텐데 위에서 어떻게 통제하고 있었을까.

파키스탄에서도 군인들이 야영지를 찾아왔는데 여기서도 그랬다. 간식을 먹고 쉬고 있으니까 군인 몇이 왔다. 여름 내내 이곳에서 대규모 훈련을 하고 지금은 어느 정도 철수한 것 같았다. 군인들은 궁금하고 심심했는지 한동안 야영지를 떠나지 않았다. 그중 한 명은 내 텐트 앞까지 찾아와 여러 질문을 했다. 피차 영어도 짧은 판에 얼른 갔으면 좋겠는데 눈치 없이 자꾸 말을 시켰다.

상타의 초르텐

자라 야영지

롭상은 우리가 걷는 길이 마날리와 레를 연결하는 도로라 했다. 여기서는 차를 타고 어디로든 갈 수 있었다. 처음엔 평지라고 좋아했는데, 좋을 게 전혀 없었다. 제자리걸음을 하는 것처럼 주변 풍경에 거의 변화가 없었다.

인생도 마찬가지가 아닐까? 평지만 있다면 얼마나 지루할까. 힘들어도 산에 올라가서 주변 풍경도 보고, 내리막길도 있어야 재미있지 않을까.

노새와 말들은 우리보다 늦게 출발했는데도 금세 따라잡았다. 짐이 줄자 뛰어다니는 녀석들도 있었다. 짐이 없는 말은 남걀과 꺼비가 타고 왔다. 그걸 본 Y님도 마부에게 부탁해 말에 올라탔다. 두 발로 히말라야를 잇고 싶은 나는 끝까지 걸어서 갔다.

사진을 배운 적이 없지만 사진 찍기를 좋아한다. 히말라야에서 사진을 찍을 수 없다면 여행을 지속할지 꽤 고민될 것 같다. 걸으면서 찍는 일이 대부분이라 상대적으로 가벼운 미러리스 카메라를 사용한다. 언제든 카메라를 꺼낼 수 있게 앞쪽에 카메라 가방을 메고 걷는다.

사진은 가는 방향과 지나온 길을 모두 담는다. 걸으면서 자주 뒤돌아보는 이유다. 사진 대부분은 풍경이다. 인물 사진은 거의 찍지 않는다. 찍더라도 풍경 속에 작게 넣는다. 혹은 뒷모습 정도. 걷기와 사진 찍기를 동시에 하는 일은 생각보다 쉽지 않다. 자주 걸음을 멈추다 보니 뒤처질 수밖에 없다. 하지만 지금의 히말라야가 일생에 한 번뿐이라고 생각하면 괜찮다. 글을 쓰는 것만큼 사진도 여행의 중요한 과정이자 마무리이니까.

퐁구나부(Pongunabu 4650미터)에는 천막 슈퍼와 화장실이 있었다. 우리는 늘 그렇듯 각자 원하는 자리에 텐트를 쳤다. 나는 모두와 적당히 떨어진 곳에서 나만의 시간을 보내는 게 좋았다. 어느 정도의 거리는 서로를 위해서도 필요했다. 앞으로 남은 고개가 다섯 개. 남은 일정은 보름. 그중 걸어야 하는 날이 열흘. 참을 수 없던 시간도 결국 지나간 일이 되었다.

저녁때 식량 등을 잔뜩 실은 차 한 대가 왔다. 여행사 사장과 매니저였다. 이번 여행에서 우리는 생존에 필요한 먹을거리를 여행사를 통해 두 번 보급받았다. 그들은 파랑라에 필요한 피켈(등반용 얼음도끼)을 3개나 챙겨왔다. 앞으로 우리가 갈 곳에 눈이 있다는 뜻이었다. 보급 덕분에 오랜만에 저녁상이 푸짐했다. 양고기에 신선한 채소. 맥주까지. 우리는 무리하지 않기 위해 두 캔을 셋이서 나눠 마셨다.

롭상이 우리에게 한 가지 부탁했다. 여행사 사장과 있을 때 자신을 칭찬해달란다. 우리는 사장 앞에서 과장된 칭찬을 늘어놓았다. 사장은 그에 대한 화답으로 우리가 유럽인들보다 잘 걷고 빠르다며 치켜세웠다. 먼저 돌아간 4명의 소식도 전해줬다. 자세한 이야기는 하지 않았지만 잘 도착한 듯했다. 트레킹 시작 전에 맡겼던 나의 짐도 가져왔다. 시킴 트레킹에 필요한 것인데, 벌써 가져오는 바람에 짐이 다시 무거워졌다. 스태프들은 저녁 내내 왁자지껄했다. 롭상도 혀 꼬부라지는 소리를 하는 걸 보니 기분이 좋은 모양이었다.

가이드 롭상과 요리사 꺼비

푸짐한 저녁식사

풍구나부 야영지

보급품을 싣고 온 여행사

09

유
목
민
의

땅
으
로

출발하자마자 유황 냄새를 풍기는 초카르(Tsokar)호수를 만났다. 호수 가장자리에 하얀 소금이 눈곱처럼 잔뜩 끼어 있었다. 마른 소금을 밟을 때마다 바삭한 소리가 났다. 롭상은 초카르가 소금이라는 뜻이며, 이곳의 소금이 라다크에 공급된다고 했다.

내내 찻길을 따라 걸었다. 누루첸(Nuruchen 4700미터)이 가까워지자 야생동물들이 보였다. '키앙(Kiang)'이라는 야생당나귀는 우리를 보고도 도망가지 않았다. 붉은 여우는 어딘가로 총총 사라졌다.

야영지에는 차를 타고 먼저 도착한 요리 팀이 미리 텐트를 쳐놨다. 3명이 된 이후 우리는 각자의 텐트를 정했다. 한 사람이 계속 같은 텐트를 쓰는 게 좋을 듯했다. 누루첸은 야영지로서 매우 훌륭했다. 초지가 넓었고 그 앞으로 꽤 많은 물이 흘렀다. 야영지 건너편의 초지는 여기저기 구멍이 뚫려 울퉁불퉁했다. 그곳의 작은 쥐들은 호기심인지 불안함인지, 수시로 고개를 내밀었다가 숨어 버렸다.

초카르호수의 소금

10시 출발이라 느긋한 아침을 맞이했다. 하지만 습관이 무서웠다. 다들 일찍 준비하는 바람에 오히려 늦춘 시간에 맞추는 게 더 어려웠다. 대기하고 있던 말 몇 마리는 바닥에 앉거나 아예 눕기도 했다. 지난번처럼 아픈 건가 했더니 자는 중이란다. 늘 서서 자는 줄 알았는데 반드시 그런 건 아닌 모양이었다.

롭상이 새로운 일정을 제안했다. 여기서 3시간 거리인 라중카루(Rajung Karu 4920미터)까지만 가잔다. 일정대로라면 오늘 야영지는 5000미터가 넘는 곳이다. 하지만 날이 추워지고 있었고, 노새와 말들이 마른 풀이라도 뜯으려면 그게 나을 것 같았다. 누루첸에서 빤히 보이던 고개 호르람콩카(Horlam Kongka 4900미터)까지는 1시간이나 걸렸다. 뒤돌아보니 멀리 초카르호수가 보였다.

랄아저씨는 우리와 있을 때도 네팔어로만 얘기했다. 내가 아는 네팔어는 단어 몇 개뿐이지만, 신기하게도 아저씨의 말이 이해가 갔다. 아저씨는 아들이 둘 있는데 그중 작은 아이가 카트만두에 있단다. 그러면서 네팔에 오거든 자신을 포터로 써달라고 했다.

라중카루에는 유목민들이 대거 몰려 있었다. 차가 들어올 수 있는 곳이라 무려 열여섯 개의 천막이 있었다. 유목민들은 스무 가족 이상이 집단을 이루며 유랑생활을 한다. 한곳에 머무는 기간은 한두 달 정도. 많게는 일 년에 열두 번 정도 움직인다. 유목 시기는 5월에서 9월. 한날한시 마을 전체가 이동했다가 겨울이 되면 다시 돌아온다. 남자들은 야크, 염소, 양을 방목하고, 여자들은 집안을 돌보며 땔감을 줍는다. 땔감인 야크 똥을 줍는 게 중요한 일과 중 하나다. 주식인 참빠에 수유차(찻물을 끓인 물에 버터와 소금을 넣어 만든 차)를 섞어 먹거나 야크 치즈나 버터, 야크고기 등을 먹는다.

유목민의 천막은 상황에 따라 두 가지로 나뉜다. 장기간 머물 때는 '레보'라는 이동식 전통가옥에서 지낸다. 레보는 야크 털로 만든 천막이다. 임시용일 때는 쉽게 접고 펼 수 있는 흰색 천막을 사용한다. 천막 안의 가장 중요한 자리에는 부처님을 모신다. 유목민들은 아침마다 새로운 물을 떠놓고 기도를 한다.

이곳 사람들에게 불교는 삶의 시작이자 끝이다. 부처는 모든 것이고 우주 만물의 근본이다. 이름 모를 풀 한 포기에도 불성이 깃들어 있다고 믿는다. 티베트 불교는 자신을 위하여 열반을 추구하지 않는다. 이웃의 고통을 덜어주고, 타인의 해탈을 돕는 게 진정한 대승불교의 길이라 믿는다.

저녁이 되자 몇천 마리의 양과 염소가 한꺼번에 몰려들었다. 녀석들이 모여 있는 곳마다 겹겹이 쌓인 똥이 층을 이루었다. 일부는 부스러져 가루가 되기도 했다. 그런 곳을 지날 때면 지독한 냄새가 한참을 따라왔다. 계곡보다 위에 자리 잡은 천막도 있었다. 쌓이고 쌓인 가축의 똥은 그대로 계곡에 영향을 미쳤다. 주변에 돌아다니는 말과 소, 양치기 개까지 똥은 어디에나 있었다.

유목민이 다녀간 곳이나 머무는 곳은 대부분 물 상태가 좋지 않았다. 이곳도 마찬가지였다. 계곡을 들여다보니 처참했다. 두껍게 자리 잡은 이끼, 각종 쓰레기, 보리차 색깔의 물. 우리가 머물던 누루첸의 상류가 이런 상태였다니. 그것도 모르고 물이 깨끗하다며 빨래를 하고 머리를 감았다. Y님은 끓이지 않은 물을 마셨다며 걱정했지만, 다행히 설사를 하지는 않았다.

유목민들의 방목지 라충가부

유목민의 천막

밀가루를 톡톡 뿌려 놓은 듯 새하얀 아침. 10월이 가까워지자 눈이 내리는 날이 잦았다. 우리가 출발 준비를 하는 동안 염소와 양들도 나갈 준비를 했다. 녀석들은 오늘도 풀을 찾아 종일 히말라야 기슭을 헤맬 것이다. 한 가족이 생활하려면 염소와 양 200마리가 필요하단다. 여름 3개월만 젖이 나와서, 그 정도 규모는 되어야 겨울을 대비할 수 있다고 한다.

5000미터 고개를 두 개나 넘는 날이라 긴장됐다. H님은 혼자 자기만의 길로 올라갔다. 그는 지난날 내가 혼자 걷는 것을 좋게 여기지 않았으면서도 그대로 행동했다. 내가 했던 행동을 그를 통해서 보는 기분이 묘했다. 사람의 모든 행동에는 이유가 있기 마련이다. 그러고 보면 다들 얼추 비슷비슷한 것 같다. 말과 행동이 일정한 범주를 크게 벗어나지 않는다.

가까워 보이는 캬마유리라(Kyamayuri La 5400미터)까지 1시간 40분이 걸렸다. 숨을 돌리고 정상에서 내려다본 창탕고원은 그야말로 사막 같았다. 그 위로 구름이 한가로이 지나며 커다란 그림자를 만들었다가 다시 사라졌다. 텅 빈 풍경. 이렇게 텅 비어 있는데도 꽉 찬 느낌이 무엇보다도 감동적이었다. 자연은 어떤 모습이든 완벽하고 조화로웠다.

캬마유리라를 내려가는 동안 반대편에서 올라오는 염소와 양 무리를 만났다. 녀석들은 우리에게 호기심을 보이더니 금세 무리를 따라 사라졌다. 염소와 양의 뿔에는 주인을 표시하기 위한 색이 칠해져 있었다. 자식이나 손자가 태어났을 때도 특별한 표시를 하는데, 이 표시를 한 염소와 양은 자유를 보장받아 아무도 해치지 않는다고 한다.

우리가 알고 있는 캐시미어(Cashmere)는 카슈미르 지역의 파시미나 염소의 털로 만든 모직물이다. 염소의 털 중에서도 복부의 털로 만든 수제 고급 직물을 파시미나라 한다. 파시미나는 최고급 숄이나 스카프의 재료로 쓰인다. 예전에는 주로 털을 제공하는 양을 키웠지만, 요새는 파시미나 수

요가 늘면서 염소를 더 기른다.

카체라(Khachela 5341미터)에 올라가는 중이었다. 저 아래 유목민 천막에서 서너 살쯤 되는 꼬맹이가 손을 흔들었다. 5000미터 넘는 곳에 천막이 있는 것도 놀라운데, 아이까지 있다니 더 놀라웠다. 주변에 야크가 많은 걸 보니 높은 곳에 자리한 유목민들은 야크를 방목하는 것 같았다. 이번 여정에서 가장 높은 야영지로 당첨된 곳은 갸마(Gyama 5144미터)였다. 높이가 높인지라 몹시 추운 곳인 줄 알았는데, 적당히 마른 풀이 있는 자리였다.

트레킹이 끝나갈수록 남은 날짜를 자주 헤아렸다. 매년 반년에 가까운 시간을 히말라야에서 보내고 있지만, 때때로 집에 가고 싶은 마음이 강렬하게 일었다. 얼른 트레킹을 끝내고 홀가분해지고 싶었다. 그런데 막상 집에 갈 때가 되면 다음에는 어디로 갈지 즐거운 상상을 한다. 지도를 보며 몇 년 치 계획을 해둬야 직성이 풀린다. 마음이라는 게 참 이상해서 가지면 놓고 싶고 놓으면 다시 갖고 싶다.

텐트 앞에 소복이 쌓인 눈이 반가우면서도 걱정이 앞섰다. 퐁구나부에서부터 닷새째 눈이 내리는 중이었다. 이렇게 되면 5550미터의 파랑라가 문제였다. 롭상은 며칠 전부터 눈이 많으면 파랑라를 넘지 못할 것이라는 말을 하고 있었다. 노새와 말들이 고개를 넘을 수 없을 거란다.

롭상의 말에 이제는 파랑라를 넘지 못해도 어쩔 수 없다는 생각부터 들었다. 지도를 보며 고심해 봐도 마땅한 방법이 떠오르지 않았다. 나는 파랑라 베이스캠프까지 갔다가 상황을 보고 움직일 생각이었다. 만약 파랑라를 넘지 못하면 차가 들어오는 곳까지 빠르게 하산 후, 차량으로 레까지 이동하고, 레에서 델리까지 비행기로 이동하면 될 것 같았다. 휴식을 없애면 하루를 더 확보할 수 있으니, 어쩌면 주어진 일정 내에 가능할지도 모르겠다.

무언가 하고 싶은 사람은 할 수 있는 방법부터 찾는다. Y님이 파랑라를 넘을, 가능성 있는 방법을 제안했다. 먼저, 우리는 최소한의 짐만 챙긴다. 나머지 짐은 하산지점인 키버(Kibber 4100미터)까지 택시로 보낸다. 노새와 말들은 베이스캠프까지만 같이 이동하고 이후 돌려보낸다. 우리는 스태프들과 필요한 짐만 지고 이틀 거리인 키버까지 하루 만에 간다. 듣고 보니 괜찮은 방법이었다.

반쯤 포기하고 있던 파랑라를 넘을 수 있다는 생각에 기분이 좋아졌다. Y님과 단둘이 넘어야 한대도 괜찮았다. 만에 하나 비박(텐트를 사용하지 않고 하는 야영)을 해도 걱정되지 않았다. 실패하더라도 시도는 해보고 싶었다.

Y님이 가능성을 얘기했다면 H님은 불가능을 얘기했다. 그는 파랑라를 넘을 수 없는 여러 이유를 말했다. 파랑라에 의미를 두지 않는다며, 코르족(Korzok 4550미터)에서 돌아가겠다는 말도 했다. 그는 하루빨리 트레킹을 끝내고 싶은 눈치였다.

황량한 산만 보다가 하얗게 눈 덮인 산을 보니 새로웠다. 눈 위를 걷는 것도 즐거웠다. 얄룽냐우라(Yalung Nyau La 5440미터)까지 완만하게 올라갔다. 매번 앞서가던 H님이 웬일로 뒤에 섰다. 롭상은 고개 정상까지 1시간 반이면 된다고 했는데, 우리는 2시간 20분이나 걸렸다. 거리만도 7~8킬로미터 정도 되었다. 그가 말한 시간 내에 도달하는 건 발 빠른 현지인이나 가능했다.

정상에 서자 작은 돌탑 위로 타르초가 펄럭였다. 우리가 가야 할 방향으로 유목민들의 하늘호수인 초모리리가 보였다. 저 아래까지만 가면 어떤 식으로든 계획이 정리될 터. 그것만으로도 큰 위안이 되었다.

　내려가는 일만 남았는데도 긴장을 늦출 수 없었다. 부서진 길이 제법 험했다. 내내 날이 흐리더니 눈발이 날렸다. 적당한 비탈에 앉아 도시락을 먹고 바로 일어났다. 배를 채우는 목적이 달성되면 누가 먼저랄 것도 없이 걷기를 이어갔다. 비탈길이 끝나자 다시 고원이 펼쳐졌다. 끝이 보이지 않는 고원에서는 정지된 듯 아무것도 움직이지 않았다.

눈이 내린 갸마의 아침

194

초모리리호수 직전에 있는 작은 마을은 유목민들의 본부가 있는 곳이었다. 마을 앞에서 잠시 쉬는데 퍼뜩 떠오르는 게 있었다. 부랴부랴 저장해 놓은 사진을 열어보았다. 인도에 오기 전 여름에 이곳을 다녀간 분이 연락을 주셨다. 초모리리호수 직전 마을에 소주 2병을 묻어 두었으니 꼭 찾아가라고. 7번째 전봇대 아래라며 사진도 보내주었다. 인터넷 카페에서 알게 된, 얼굴도 모르는 분이었다.

알롱냐우라 가는 길

멀리 보이는 초모리리호수

주위를 둘러보니 생각보다 전봇대가 많았다. 롭상에게 사진을 보여주었다. 여름에 이곳을 다녀간 한국인들이 술병을 묻어둔 곳이라고. 그러자 옆에 있던 남걀이 혹시 한국인 4명이냐고 물었다. 자기가 그 팀의 가이드였단다. 놀라운 우연이었다. 그는 '초록색 병'이 어디에 있는지 알고 있다며 앞장섰다.

Y님과 나는 보물찾기를 하는 아이들처럼 남걀을 따라갔다. 그는 정확히 7번째 전봇대 아래를 파냈다. 비닐봉지에 싸여 있는 소주 2병이 나란히 묻혀 있었다. 여기까지 와서 이 귀한 것을 묻어 두기란 쉽지 않았을 텐데. 참 고마웠다. 덕분에 적적할 뻔한 곳에서 즐거운 추억이 되었다. 소주 2병 중 한 병은 남걀에게 주었다. 어차피 우리는 술을 많이 마시지도 않을뿐더러 1병이면 충분했다.

겨울 초입이라 주변의 모든 것이 삭막해 보였다. 우리는 코르족의 작은 공터에 짐을 풀었다. 야영지 옆 수로의 두꺼운 이끼와 쓰레기가 꺼림칙했다. 요리 팀은 음식을 만들 때만 위의 수로에서 물을 떠 오고, 설거지는 야영지 옆에서 했다. 그럴 때마다 나는 어쩔 수 없는 일이라며 고개를 돌려 애써 외면했다.

코르족에 도착해서야 H님이 설사로 고생한다는 것을 알았다. 퐁구나부부터 시작된 설사가 멈추지 않아 제대로 먹지도 못했단다. 미리 알았다면 도울 방법을 찾았을 텐데. 나는 파키스탄에서 효과가 좋았던 지사제를 나눠주었다. 이미 닷새에 접어든 설사라 약이 통할 것 같지는 않지만.

2017년 네팔 히말라야를 횡단할 때였다. 야크를 방목하는 곳에서 물을 잘못 마셨다가 죽을 고생을 했다. 5일 동안 설사를 하고 나니 그야말로 반쪽이 되었다. 그때는 지사제가 뭔지 몰라 뒤틀리는 배를 부여잡고 걸었다.

걸으면서도 수시로 화장실을 찾아야 했다. 마무리까지 며칠 남지 않았지만, 모두 포기하고 싶을 정도로 힘들었다. 그랬기에 H님의 고통을 어느 정도 이해할 수 있었다.

Y님과 나는 롭상에게 파랑라를 넘을 방법을 얘기했다. 그는 알아보겠다고 대답은 했지만, 표정이 좋지 않았다. 롭상은 틈날 때마다 파랑라를 넘지 못할 것이라고 했다. 우리가 알아서 포기하길 바랐을지도 모른다. Y님과 내가 기어코 넘겠다고 하자 가이드로서 방법을 찾을 수밖에 없었을 것이다.

저녁에 롭상이 좋은 소식이라며 말을 꺼냈다. 3일 전에 마부 하나가 파랑라를 넘었단다. 우리도 갈 수 있다는 뜻이었다. 그러면서 코르족에서 키버까지 택시로 이틀 거리라 했다. 요금은 무려 3만 5천 루피. 우리 돈으로 60만 원이었다. 일이 이렇게 되자 공통경비로 짐을 보내기로 한 건 없던 일이 되었다. H님 혼자 감당하기에도 너무 큰 금액이었다. 결국, 그도 우리와 남은 일정을 함께 하기로 했다.

이제 마지막 고개인 파랑라만 남았다. 트레킹을 시작할 때만 해도 끝까지 못 갈 수도 있겠다고 생각했다. 이상하게도 처음 며칠 동안의 풍경은 잘 떠오르지 않았다. 너무 깊은 생각에 빠져 그 장면만 뭉텅이로 빠져나간 듯했다. 내 의지와 상관없이 여행을 포기했다면, 아마 오랫동안 그들을 원망하고 증오했을 것이다. 사람에 대한 트라우마로 언제나 의심부터 했을지도 모른다. 나는 그들을 미워하지 않기 위해서라도 이 길을 완주하고 싶었다. '그럼에도 불구하고' 끝까지 갔다는 사실 하나면, 충분한 위안이 될 것 같았다.

7번째 전봇대 아래에서 찾은 소주

코르족에서 바라본 초모리리호수

10 까
　망
　이
　와

　갈
　색
　이

언제부터인가 털이 풍성한 까만 개가 식당 텐트 앞을 지켰다. 입구에서 빤히 쳐다보는데 차마 눈길을 거부할 수 없었다. Y님이 몇 차례 북어포를 나눠준 뒤로는 볼 때마다 아는 사이처럼 굴었다. 녀석이 잘 얻어먹었다고 소문을 냈는지, 야영지 주변으로 동네 개들이 몰려들었다. 다섯 마리나 되는 개가 밤새 짖는 통에 잠을 설쳤다. 녀석들은 우리가 배낭만 열어도 기대에 찬 눈빛으로 바라보았다.

출발하는데 웬 갈색 개 한 마리가 우리를 따라왔다. 아침에 야영지에서 처음 본 녀석인데 희한했다. Y님이 쫓아 보내고 롭상이 위협해도 녀석은 다른 길을 돌아서라도 기어코 따라왔다. 우리가 가는 길은 엿새나 걸리고 눈이 많은 높은 고개를 넘어야 했다. 아무도 녀석을 책임질 수 없었다. 길색 개는 우리의 마음을 아는지 모르는지 사라졌다가 나타나기를 반복했다. 알아서 갈 테니 걱정하지 말라는 듯 능숙하게 앞장서기도 했다.

가까이에서 본 코르족은 지저분하고 어수선했는데, 멀리서 보니 세상 밖의 마을 같았다. 구름 모자를 쓴 회갈색 산과 하늘보다 짙은 초모리리호수. 산속의 바다인 듯 거대한 호수에 순식간에 마음을 빼앗겼다. 실제로 먼

옛날 바다였던 초모리리호수는 지금도 물이 짜다.

파란 잉크가 묻어날 것 같은 이 호수에는 슬픈 전설이 있다. 비구니(여자 승려) 초모가 야크를 몰고 호숫가를 지나다 그만 야크가 호수에 빠지고 말았다. 초모는 울면서 "리리(티베트어로 도와달라는 뜻)!"하고 외쳤고, 그 뒤로 호수는 초모리리로 불리고 있단다.

레에서 출발한 사람들은 자동차로 코르족까지만 와서 호수만 보고 돌아가는 듯했다. 단언컨대 초모리리호수를 제대로 보려면 호수 가장자리를 따라 걸어봐야 한다. 마을에서 보는 것과 호수를 따라 걷는 건 차원이 다르다. 모르긴 몰라도 라다크에 가면 으레 찾게 되는 판공초(Pangong Tso 4350미터) 보다 아름다울 것이다. 참고로 티베트, 네팔, 라다크에서 '초(Tso)'는 호수를 뜻한다. 엄밀히 말하면 판공초호수가 아니라 판공초인 것이다.

점심을 먹는데 야영지에서 봤던 까만 개도 나타났다. 넉살이 좋은 걸 보니 많이 따라다닌 솜씨였다. 우리는 까만 개와 갈색 개가 적당히 따라오다가 돌아가겠거니 했다. 하지만 키앙돔(Kiangdom 4550미터)에서 텐트를 칠 때까지도 두 녀석은 돌아가지 않았다. 갈색 개는 멀리 떨어져서 우리를 지켜보았고, 까만 개는 식당 텐트 앞에 앉아 다 알고 있다는 듯 바라보았다. 그러다 보니 밥을 주지 않을 수 없었다. 요리 팀도 남은 음식을 녀석에게 챙겨주었다.

넓은 초지인 키앙돔은 초모리리호수와 파랑추(Pangrang Chu)가 만나는 곳이다. 이곳에서 '추'는 계곡이나 강을 뜻한다. 호수 일부나 다름없는 키앙돔은 밟을 때마다 물기가 배어났다. 텐트 안에 앉아 있으면 엉덩이가 시렸다. 그래도 풍경만큼은 근사했다. 당장은 모든 것이 평화롭고 순조로워 보였다.

코르족과 초모리리호수

코르족에서 따라온 개 두 마리

평화로운 키앙돔 야영지

식당 텐트 앞의 까망이

여름에 시작한 트레킹이 가을을 지나 겨울로 접어들었다. 아침이면 얼음이 얼었다. 시작부터 여러 갈래의 물길에 갇히는 바람에 오가도 못하게 되었다. 일부는 얼어서 더 조심스러웠다. Y님은 안 되겠다 싶었는지 호수 가장자리로 향했다. H님 역시 롭상을 좀 더 지켜보다가 돌아가는 길을 택했다. 나까지 가버리면 롭상이 무안할 것 같아 그대로 따라갔다. 어렵게 물길을 건너자, 롭상은 나를 먼저 보내고 돌아오는 사람들을 기다렸다.

이곳에는 정말 많은 야생당나귀가 있었다. 내가 걸음을 멈추고 녀석들을 구경하면 녀석들도 나를 구경했다. 하지만 너무 가까이 가면 등을 돌리고 가버렸다. 말의 사촌 격인 야생당나귀 키앙은 가축으로 길들지 않았다. 전 세계 당나귀 중 유일하게 남은 야생종이다. 길들지 않았다는 건 순하지 않다는 뜻일 터. 어쩐지 나는 녀석들이 마음에 들었다.

평평한 자갈길을 하염없이 걸었다. 고원은 넓고 아득했다. 어느새 뒷사람들은 점이 되었다. 나는 그들이 가까이 오기를 기다리며 자주 걸음을 멈췄다. 맞은편에서 마부 둘과 몇 마리의 말이 내려오는 게 보였다. 파랑라를 넘어온 사람들인 듯했다.

Y님은 걸음이 무척 빨랐다. 멀리 돌아왔는데도 직진한 나와 비슷한 곳에서 만났다. 마침 점심때가 되어 우리는 양지바른 곳에 자리 잡고 앉았다. H님은 우리를 본체만체하고 지나갔다.

누르부숨도(Nurbu Sumdo 4550미터) 야영지는 좁았다. 물 상태도 썩좋지 않았다. 더 위로 올라가면 넓은 곳이 있었지만 물과 멀었다. 까만 개와 갈색 개는 이번에도 우리를 따라왔다. 어디서 나타났는지 까만 개 한 마리가 더 보였다. 랄아저씨는 그 녀석을 까만 개의 누나라 했다. 나는 녀석들을 까망이, 갈색이, 까망이 누나로 불렀다.

까망이는 웬만하면 야영지를 벗어나지 않았다. 잠도 근처에서 잤다. 반면 갈색이와 까망이 누나는 야영지에 도착하면 어디론가 사라졌다. 그러다 우리가 출발하면 어김없이 나타나서 따라왔다. 녀석들은 앞서가다가도 우리를 기다리며 속도를 조절했다. 장난도 곧잘 쳤다. 대개는 수놈인 까망이가 암놈인 갈색이를 따라다녔다. 두 녀석은 짝꿍이 되어 가만히 있는 야생당나귀들을 쫓아다니기도 했다. 야생당나귀들이 놀라 고개를 쳐들고 도망가면 녀석들은 더 신이 나서 따라갔다.

누르부숨도를 지나자 롭상은 이제부터 히마찰프라데시주의 라훌(Lahaul)·스피티(Spiti)라고 했다. 그의 말에 주위를 둘러보니 평평하던 고원이 붉은 산으로 바뀌었다. 어느새 라다크를 벗어나 새로운 곳으로 들어섰다. 라훌·스피티는 많은 수행자의 보금자리로 알려진 곳으로 '하늘 수행자의 땅'이라 불린다. 이번 히말라야 여정의 끝이자 다음 히말라야가 시작되는 곳이다. 끝을 기다리면서도 나는 시작을 생각했다. 그때는 이번과 다를 것이라 믿으며.

큰물을 만나자 롭상이 등산화를 벗고 먼저 건넜다. 주저 없이 따라가던 까망이는 물이 가슴까지 차오르자 겁을 먹고 되돌아왔다. 그리곤 H님이 건너는 것을 유심히 보더니, Y님이 건널 때 그의 다리에 바짝 붙어서 갔다. 보이지 않던 갈색이는 벌써 강 건너편에 있었다.

까망이가 천방지축에 해맑고 붙임성이 좋다면, 갈색이는 조용하고 진지하며 독립적이었다. 까망이는 아무 데서나 막 짖지만, 갈색이는 거의 짖지 않았다. 두 녀석은 노새 사체를 만나면 뼈와 가죽만 남았어도 일단 물어뜯고 봤다. 점심때가 되어 우리가 배낭을 내리고 앉으면 녀석들도 귀신같이 알고 옆에 앉았다. 도시락만 빤히 쳐다보고 있으니 뭘 안 줄 수도 없었다. 뜻하게 않게 녀석들과 도시락을 나눠 먹게 되었지만, 오히려 더 줄 수 없어서 아쉬웠다. 무엇보다 녀석들과 걷는 시간이 좋았다.

우리는 겟파부작(Getpabuzak 4600미터)에 도착하기 1시간 전에 멈췄다. 파랑라를 넘기 전 마지막 초지였다. 마부들은 짐을 내려놓고 계곡을 건너 더 안쪽으로 들어갔다. 그곳에 말들이 먹을 풀이 있는 모양이었다.

갈색이는 이번에도 어딘가로 사라졌다. 까망이와 까망이 누나는 텐트 주변에서 잤다. 두 녀석은 도플갱어처럼 똑같았지만 꼬리 부분이 살짝 달랐다. 까망이의 꼬리가 누나보다 약간 길었다. 둘 다 털이 어찌나 많은지 솜털까지 빽빽했다. 발바닥도 따뜻해 눈에서 굴러도 문제없어 보였다. 사람을 좋아하는 까망이 남매는 쓰다듬어도 가만히 있었다. 반면 진지한 갈색이는 가끔만 쓰다듬는 걸 허락했다.

구름이 몰려온 야영지는 을씨년스러웠다. 밤이 되자 눈이 내리기 시작했다. 롭상은 다시 파랑라를 걱정했다. 어제 만난 마부에 따르면 파랑라 정상에 눈이 허벅지까지 쌓였단다. 우리는 말 없이 저녁을 먹고 각자의 자리로 돌아갔다. 텐트 위로 떨어지는 싸락눈 소리가 유독 크게 들리는 밤이었다.

야생당나귀들을 쫓아가는 까망이와 갈색이

롭상을 따라 물을 건너는 까망이

211

까망이 녀석 때문에 잠을 설쳤다. 녀석은 영리한 듯하면서도 '똘끼'가 있었다. 낮에는 실컷 자다가 밤만 되면 짖었다. 하도 짖어대니까 랄아저씨가 돌을 던져서 쫓아버렸다. 언덕 위로 도망간 녀석은 분하다는 듯 마구 짖어댔다. 돌아갈 줄 알았던 까망이는 아무 일 없었던 것처럼 다시 우리를 따라왔다. 밤새 보이지 않던 갈색이도 어느새 나타나 합류했다. 까망이 누나는 주로 마지막에 출발하는 요리 팀을 따라왔다.

눈이 온 덕분에 풍경이 근사했다. 세월이 깎아 놓은 흙기둥, 붓 자국처럼 조용히 흘러가는 여러 갈래의 물길. 이 풍경이 곧 끝난다고 생각하니 왠지 쓸쓸했다. 며칠 사이 정이 든 까망이와 갈색이와 헤어질 생각을 하니 더 그랬다.

오후가 되자 다시 흐려졌다. 계절 탓인지 날씨가 점점 심상치 않았다. 타랑욕마(Tarang Yokma 4750미터)까지는 20킬로미터나 돼서 거의 쉬지 않고 걸었다. 야영지에 도착했지만 노새와 말들은 보이지 않았다. 기다리는 동안 까망이 겨드랑이에 손을 넣고 녹였다. 녀석은 다 이해한다는 듯 손을 핥아주었다.

어제 내린 눈이 그대로 있는 텐트가 축축했다. 마른 수건으로 텐트를 닦아내고 옷을 갈아입어도 추위가 가시지 않았다. 기다리면서 너무 떨었더니 기분도 영 아니었다. 괜히 기운이 빠지고 불안했다. 유달리 추위를 많이 타는 터라 위로 더 올라가면 얼마나 추울지 우려됐다. 나중에 안 사실이지만 파랑라는 여름부터 9월 중순까지가 가장 좋다. 이후에는 눈이 오고 기온이 떨어져 웬만해서는 넘지 않는다.

우리를 따라오는 까망이와 갈색이

타랑욕마 가는 길

지난밤 풀을 뜯으러 간 노새와 말 몇 마리가 돌아오지 않았다. 안 좋은 일이 자꾸 겹치는 것 같아 다시금 불안했다. 마부들이 녀석들을 찾으러 가는 동안 우리는 다음 여정을 이어갔다. 갈색이는 배가 고픈지 굴러다니는 뼈를 한참이나 뜯었다. 이럴 때는 뭐라도 챙겨주고 싶은데 그러지 못해 안타까웠다. 갈색이는 다른 사람을 따라가다가도 한 번씩 나를 기다려주었다. 녀석이 기다리고 있으면 나는 '가자' 하고 한 번씩 쓰다듬어 주었다. 그럼 갈색이는 알았다는 듯 다시 앞서 걸었다. 녀석은 조용하고 사려 깊었다. 반면 까망이는 정신없이 앞뒤를 왔다 갔다 했다. 걷다 보면 어디선가 튀어나왔다. 특히 뭐라도 먹고 있으면 어떻게 알고 금방 나타났다.

파랑라 베이스캠프(Parang La BC 5050미터)는 파랑추를 거슬러 올라갔다. 롭상은 왼쪽에 길이 있는데도 넓게 펼쳐진 돌밭을 가로질렀다. 온통 자갈밭이라 걷는 게 수월치 않았다. H님은 다른 길로 가는 바람에 보이지 않았다. 발이 빠른 Y님과 롭상은 금방 시야에서 사라졌다. 누구나 자신에게 맞는 속도가 있는 법. 나보다 보폭이 큰 이들을 따라가려고 애쓰다 보면 무리하게 된다. 나는 가던 길을 멈추고 자갈밭에 앉아 혼자 점심을 먹었다.

노새와 말들은 아직도 보이지 않았다. 우리는 베이스캠프로 가기 전 양지바른 곳에서 기다리기로 했다. 걸음을 멈추자 갈색이가 우리 앞에서 낮잠을 잤다. 서로가 편하고 이숙해진 시간. 고마운 일이다. 나는 도시락을 꺼내 갈색이와 나눠 먹었다. 아무거나 닥치는 대로 먹는 까망이와 달리 갈색이는 가려먹었다. 특히 감자는 절대 먹지 않았다.

베이스캠프에는 풀 한 포기 없이 돌과 흙뿐이었다. 지나는 사람들이 제법 있는지 야영지는 그럭저럭 괜찮았다. 웬일로 까망이가 안 보인다 싶었는데, 다른 녀석들과 쓰레기 더미를 뒤지고 있었다. 인도 군인들이 버리고

간 군용 음식이었다. 음식을 비롯한 밀크티와 연료까지 전부 멀쩡한 것들이었다. 내가 그것들을 가져가자 스태프들이 관심을 보였다. 랄아저씨는 편리하게 포장된 밀크티를 죄다 챙겼다. 롭상은 동전 모양의 연료에 불을 붙여 밀크티를 끓였다. 화력이 나쁘지 않아 이것만 따로 모아 마부들에게 챙겨주었다.

　야영지는 조용했다. 마치 폭풍 전 고요 같았다. 미리 배낭을 꾸리며 내일 얼마나 옷을 껴입을지 고민했다. 왠지 내복을 두 벌 입어야 할 것 같았다. 파랑라보다 더 높고 험한 곳에 갈 때도 그런 적이 없었는데, 이번에는 그래야 할 것 같았다. 혹시 모를 일을 대비해 비상시에 필요한 것들을 평소보다 더 챙겼다. 그리고 녀석들을 불러다 아끼고 아꼈던 육포를 모두 나눠주었다.

파랑라 베이스캠프 가는 길에 나를 기다리는 갈색이

11 갈
　　수
　　있
　　을
　　까

4시 30분. 일어나자마자 바깥부터 살폈다. 맙소사. 눈이 오고 있었다. 가장 우려했던 최악의 날씨. 하지만 여기까지 온 이상 방법이 없었다. 일단 출발하는 수밖에.

눈바람이 정면에서 불어왔다. 얼굴이 따갑고 아팠다. 얼굴에 달라붙은 눈은 곧장 녹아 세수한 것처럼 양 볼을 적셨다. 콧물은 눈치 없이 줄줄 흘러내렸다. 숨이 찬 데다 추울까 싶어 내복을 두 벌이나 입었더니 금방 땀이 났다. 몸의 열기로 선글라스에 김이 서려 앞이 잘 보이지 않았다. 이 와중에도 사진을 찍겠다고 장갑을 벗기를 몇 번. 발걸음은 왜 이리 무거운지.

고도를 높일수록 눈에 깊숙이 빠졌다. 갈수록 바람도 심해졌다. 눈바람이 후려치고 지날 때마다 등을 돌리고 손으로 얼굴을 가렸다. 꼬리를 바싹 말아 넣은 까망이와 갈색이는 눈사람이 되었다. 눈을 뒤집어쓴 노새와 말들은 마부를 따라 묵묵히 걸었다. 대열을 흩뜨리지 않고 줄지어 올라가는 모습이 장엄하기까지 했다.

어딘지 모를 언덕에 올라섰을 때 파랑라에 도착한 줄 알았다. 하지만 그곳은 얼음 지대가 본격적으로 시작되는 곳이었다. 롭상과 Y님은 러셀

(Russell, 선두에서 눈을 쳐내며 가는 일)을 위해 먼저 출발했다. 그 뒤로 까 망이와 까망이 누나가 뒤따랐다. 백지처럼 하얀 설원에서는 아무것도 보이지 않았다. 눈바람이 수시로 때리는 바람에 걸음을 떼기도 만만치 않았다. 그런데도 까망이 남매는 설원을 신나게 뛰어다녔다. 눈 위에 등을 비벼대며 장난을 쳤다.

노새와 말들이 가던 길을 멈췄다. 롭상과 Y님, 마부 소남과 꺼비가 파랑 라로 향하는 게 보였다. 그들은 번갈아 가며 길을 냈다. 희미하게 보이는 파랑라는 금방이라도 넘을 수 있을 것처럼 가까워 보였다. 저기만 넘으면 이 추위와 막막함에서 벗어날 수 있을 텐데. 그러나 허벅지까지 쌓인 눈에 선두는 좀처럼 속도를 내지 못했다. H님과 나, 까지와 랄아저씨는 그들 모두가 정상에 도착할 때까지 기다렸다.

상황을 지켜보던 마부 게초가 대장 말을 끌고 내려가자, 다른 녀석들이 그 뒤를 줄줄이 따라갔다. 눈이 너무 많아 다른 방향으로 시도하려는 듯했다. 기다리던 우리는 정상을 향해 출발했다. 선두가 지나간 지 얼마 되지 않았는데도 잠깐 사이에 발자국이 모두 사라졌다. 여러 날 쌓인 눈은 무겁고 깊었다. 푹푹 빠지는 통에 한 걸음조차 버거웠다. 미끄러지고 멈추기를 반복했다. 5500미터에서 눈을 헤치며 걷는 건 상상 이상이었다. 거의 속도가 나지 않았다. 번갈아 가며 러셀을 해도 마찬가지였다.

눈바람을 맞으며 걷는 노새들

파랑라로 향하는 노새와 말들

정상 직전. 까지가 H님과 자리를 바꾸면서 오른쪽 사면에 있던 눈이 무너졌다. 흘러내리는 눈을 보고도 버티고 있으면 괜찮을 줄 알았다. 그런데 어어, 하는 사이 순식간에 나를 포함한 4명이 쓸려갔다. 아무리 발버둥을 쳐도 멈춰지지 않았다.

어디까지 내려가는 것일까. 다행히 몇 미터 내려가다가 멈췄다. 잠시 적막이 흐르는가 싶더니 깊은 공포가 몰려왔다. 얼굴을 덮친 눈 때문에 숨을 쉴 수 없었다. 장갑으로 얼른 눈부터 치웠다. 그러고도 숨이 차서 두려웠다. 눈에 거꾸로 처박힌 상태여서 전혀 움직일 수 없었다.

같이 쓸려 내려간 랄아저씨가 눈을 파헤치고 꺼내주었다. 그제야 숨을 쉴 수 있었다. H님과 까지는 더 아래에 있었다. 그 사이 롭상과 소남이 내려와 우리가 올라갈 수 있게 도와주었다. 그들도 많이 놀란 듯했다. 언제 또 눈이 무너질지 모르는 상황이라 우리는 서둘러 정상으로 향했다. 소남은 이 추위에도 맨손으로 피켈을 잡고 눈을 치웠다. 보다 못해 배낭에서 여분의 장갑을 꺼내주었다. 그 장갑은 다음 트레킹을 위해서였지만 당장 그에게 더 필요했다.

우려했던 일이 벌어졌다. 다른 쪽으로 시도했던 게초가 올라오지 못했다. 20마리나 되는 노새와 말이 올라오기에는 눈이 너무 많고 미끄러웠다. 눈사태라도 만난다면 그때는 손을 쓸 수 없을 정도로 문제가 심각해질 터. 우리는 노새와 말들을 돌려보내기로 했다. 속수무책인 상황에서 그게 최선이었다.

스태프들이 짐을 가지러 내려갔다. 그동안 우리는 정상에서 무기력하게 기다렸다. 살을 엘 것 같은 바람이 불었다. 그 바람을 정면에서 맞으며 동상처럼 서 있었다. 오래 기다린 Y님은 발을 동동 굴렀다. 그는 먼저 하산하고 싶어 했지만 롭상이 위험하다며 말렸다. 무리해서 내복 두 벌을 입은 나

222

는 가슴을 쓸어내렸다. 그렇지 않았다면 저체온증으로 사고가 났을 게 분명했다. H님은 재킷을 열고 떨고 있는 랄아저씨를 안아주었다.

남걀은 장갑도 없이 얇은 양말에 단화가 전부였다. 맨발을 손으로 주무르는 걸 차마 볼 수가 없었다. 이런 상황이 야속할 뿐이었다. 갈색이는 어디로 갔는지 보이지 않았다. 눈사람이 된 까망이는 눈 속에서 자꾸만 뒹굴었다. 왠지 추워서 그런 것 같아 마음이 좋지 않았다.

롭상과 까지, 꺼비와 소남이 짐을 가져왔다. 우리 카고백뿐만 아니라 롭상과 요리 팀의 짐도 있었다. 여기까지 짐을 가져다준 소남에게 고마움을 전하며 마지막 인사를 했다. 그런데 소남이 내려가지 않고 머뭇거렸다. 팁 때문이었다. 롭상 편에 보낼 생각이었는데, 생각해 보니 직접 주는 게 맞는 듯했다. 미리 준비해 둔 봉투 2개를 꺼내 소남에게 주었다. 그제야 그의 얼굴이 환하게 피었다. 여행사의 장비를 챙기기 위해 남걀도 마부들을 따라 내려가기로 했다. 그에게도 챙겨둔 팁을 건넸다. 이 살벌한 상황에서도 팁은 중요했다.

그들은 레까지 걸어서 간다고 했다. 이동 시간만 6~7일. 원래대로라면 키버까지 갔다가 다시 파랑라를 넘어야 하는데, 이곳에서 돌아가게 되어 그나마 단축되었다. 함께한 시간이 40일이나 되었지만 헤어지는 건 잠깐이었다. 부디 그들이 안전하게 돌아가기를 바랄 뿐이었다.

남은 스태프들이 각자 지고 갈 짐을 나누었다. 까지가 나의 짐을 맡았다. 키버까지 이틀거리를 하루에 가야 했다. 아무래도 무리가 될 것 같았다. 짐을 덜어내려 하자, 까지가 한사코 말렸다. 디디(네팔어로 손위 여자, 누나·언니라는 뜻)의 짐은 자기가 책임지겠다며 걱정하지 말라고 했다. 그러면서 얼른 내려가라고 재촉했다. 고마우면서도 미안했지만, 그의 말을 따랐다.

Y님과 나는 롭상을 따라 내려갔다. 정상에서 추위에 떨며 기다린 지 40분 만이었다. 내려간 줄 알았던 까망이와 갈색이도 어디선가 나타났다. 까망이 누나는 마부들을 따라간 듯했다. 정상에서는 그리 춥더니 고도가 낮아지자마자 바로 추위가 가셨다. 내려가면서도 불안한 마음에 자꾸만 위를 쳐다보았다. 눈을 완전히 벗어난 뒤, 롭상은 야영지로 보이는 곳에 멈췄다. 그곳 역시 파랑라 베이스캠프라 했다. 우리는 뒷사람들을 기다리며 점심 도시락을 먹었다. 곧이어 도착한 까지 일행은 쌩쌩했다. 역시 네팔인들은 달랐다. 나는 까지에게 다시 한 번 짐을 덜겠다고 했지만, 이번에도 그는 나를 말렸다. 나는 그가 정말 괜찮은 줄 알고 더는 짐에 관해 말하지 않았다.

롭상이 먼저 가도 괜찮다고 해서 Y님과 바로 출발했다. 사진을 찍는 동안 Y님은 벌써 저 아래까지 내려갔다. 그사이 나는 답답했던 내복을 벗느라 잠시 멈췄다. 앞서가던 까망이와 갈색이가 되돌아와서 내가 짐을 정리할 때까지 기다려주었다. 먹을 게 있는 줄 알고 기다렸을 테지만 내 딴에는 그저 감동이었다.

12시 50분. 탈탁(Thaltak 4400미터)에 도착했다. 일정대로라면 여기가 오늘의 야영지였다. 나는 야영지 안쪽의 작은 돌탑으로 향했다. 그리고 배낭에서 카타(축복을 기원하는 스카프)를 꺼내 돌탑에 리본으로 묶었다. 먼저 떠난 일행들, 숱하게 넘은 높은 고개들, 까망이와 갈색이, 눈에 휩쓸려 두려움이 엄습했던 순간… 지금까지의 여정이 되살아났다. 눈을 감고 조용히 기도했다.

"여기까지 무사히 오게 해주신 모든 것에 감사드립니다."

히말라야에서 걷는 시간이 늘수록 이런 생각이 들었다. 혹시 전생에 히말라야 어디에서 살았던 게 아닐까. 이상하게 나는 히말라야 서쪽의 척박하고 황량한 풍경이 좋았다. 눈부신 설산보다 마음이 끌렸다. 메마른 풍경이 오래도록 남았다. 라다크에서 아무리 고생했어도 나는 여전히 그곳의 풍경이 좋다. 그리고 다음에도, 그다음에도 비슷한 풍경을 찾아 돌아올 것을 알고 있다.

Y님과 사람들이 올 때까지 기다렸다. 이때만 해도 속도 차이가 얼마 나지 않아 걱정하지 않았다. 마지막 남은 에너지 젤을 까지에게 전하고 다시 출발했다. 계곡을 내려가는데 갑자기 갈색이의 걸음이 빨라졌다. 계곡 건너편에 말 한 마리가 목이 꺾인 채 죽어 있었다. 갈색이는 어떻게든 물어뜯으려 했지만 가죽이 너무 질겼다. 말은 죽은 지 얼마 되지 않은 것 같았다. 등에는 오랫동안 짐을 진 흔적이 선명하게 남아 있었다.

파랑라를 하산하며

탈탁에서 돌탑에 묶은 카타

한참을 내려왔기에 조금만 내려가면 금방 마을이 나타날 줄 알았다. 하지만 우리는 아직 하루치 거리를 더 걸어야 했다. 다리를 건너자마자 길이 곤추섰다. 롭상은 작은 고개라 했지만, 가파른 길이 계속해서 이어졌다. 길은 위로만 향했다. 급기야 눈까지 내리기 시작했다. 고개에 올라서자 앞서 가던 까망이와 갈색이가 나란히 같은 곳을 보고 앉아 있었다. 녀석들은 무슨 생각을 하고 있었을까.

메마른 땅을 메마른 마음으로 걷고 있었는데, 어느 날 두 녀석이 나타났다. 녀석들은 우리를 엿새 동안 따라왔다. 때때로 앞서가고, 때때로 기다려주며 함께 걸었다. 우리와 무슨 인연이기에 이토록 먼 길을 동행하게 되었을까. 마음을 보듬어주러 온 수호신이었을까. 까망이와 갈색이는 내가 히말라야에서 만난 최고의 동행 중 하나였다. 정말이지 녀석들이 좋았다. 같이 걷는 동안 그들의 존재만으로도 기쁘고 행복했다. 이제 나는 '라다크' 하면 두 녀석이 가장 먼저 생각날 것 같다.

점심 일부를 두 녀석에게 나눠주었더니 몹시 배가 고팠다. 남은 간식이라곤 사탕 2개가 전부였다. 키버까지 금방일 줄 알았는데 길이 끝날 기미가 보이지 않았다. 마을까지 이렇게 먼 길인지 몰랐다. 이럴 줄 알았으면 까지의 짐을 덜어주는 건데, 번번이 기회를 놓치고 말았다. 그의 선의를 너무 당연하게 받아들인 것 같아 마음이 편치 않았다.

앞장선 롭상이 한 곳을 가리켰다. 히말라야 눈표범이라 했다. 하지만 아무리 주변을 둘러봐도 보이지 않았다. 완벽한 보호색을 가지고 있는 눈표범은 주변의 색과 너무나 비슷했다. 빤히 보이는 위치에 있는데도 보이지 않았다. 나중에 알고 보니 키버는 눈표범을 관찰하고 사진 찍는 곳으로 유명한 곳이었다. 녀석은 죽은 노새를 뜯다 사람들이 나타나자 잠시 피한 듯했다. 까망이와 갈색이는 눈표범이 비운 자리를 떠나지 못했다. 고기 맛을

봤으니 당연했다. 잠시 후 두 녀석은 꽁무니가 빠지도록 우리 쪽으로 달려 왔다. 아무리 녀석들이라도 히말라야 최고의 포식자 눈표범을 당해낼 수 는 없었다.

나란히 한 곳을 보고 있는 까망이와 갈색이

우연히 만난 눈표범

키버로 가는 길은 숱한 오르막과 내리막의 반복이었다. 계곡 바닥까지 내려간 길은 기어코 다시 위로 솟구쳤다. 게다가 날도 어두워지고 있었다. 아무래도 안 되겠다 싶어 그들이 보일 때까지 기다렸다. 하지만 인제 와서 그들을 도울 방법은 없었다. 아까 짐을 덜었어야 했는데, 하며 자책만 할 뿐이었다.

기다리는 마음이 초조했다. 왜 그들이 보이지 않을까. 무슨 일이라도 생긴 것일까. 그러다 저쪽에서 희미한 불빛이 보이기 시작했다. 그제야 안심이 되었다. 눈을 크게 뜨고 4명이 맞는지 확인했다. 네팔인 3명과 H님이 맞았다. H님은 파랑라에서 하산하는 순간부터 그들과 함께 걸었다. 돌이켜 생각해 보니 우리도 그랬어야 했다. 마지막 하루는 온전히 그들과 함께 해도 좋았을 텐데, 뭐가 그리 급했을까.

그들이 오고 있는 것을 확인한 후에야 다시 출발했다. 갈래 길이 생각보다 많았다. 가축들이 다닌 좁은 길로 들어서는데 뭔가 이상했다. 그때 위에서 Y님이 불렀다. 우리가 예정보다 하루 먼저 도착하는 바람에, 롭상은 방을 알아보러 먼저 키버로 갔다. 오르막을 다 올랐지만 길은 끝나지 않았다. 이번에는 어디까지 이어지는지 알 수 없는 아스팔트 길이었다. 그 길을 또 한참이나 걸었다. 허기진 데다 발바닥까지 욱신거렸다. 날은 이제 완전히 어두워졌다.

저녁 7시가 되어 키버에 도착했다. 숙소의 위치를 몰라 마을 주민에게 물어물어 찾아갔다. 먼저 도착한 롭상이 방 2개를 구해놓았다. 나는 롭상에게 택시를 불러 뒤에 오는 사람들에게 보내 달라고 했다. 택시는 곧 출발했고 잠시 후 4명 모두 무사히 도착했다. 우리가 파랑라에서 왔다고 하자 홈스테이 주인이 놀라워했다. 우리는 이날 12시간에 걸쳐 30킬로미터를 걸었다.

시작이 좋지 않았기에, 어딘가 삐걱거려 그만둔다 해도 이상할 게 없는 여행이었다. 그런데도 우리는 완주했다. 위급한 상황에서 짐까지 짊어지고 걸은 롭상, 까지, 랄아저씨, 꺼비. 비록 중간에 돌아갔지만, 끝까지 시도했던 마부 소남과 게초, 그리고 남걀. 그들이 아니었으면 우리의 완주도 없었다. 모두가 완강하게 파랑라를 넘을 수 없다고 했다면, 우리는 돌아설 수밖에 없었을 것이다. 이번 여행에서 가장 큰 행운은 그들이었다. 그들에게 무한한 감사를 보낸다.

까망이와 갈색이는 결국 키버까지 따라왔다. 까망이는 넉살이 좋아 벌써 마을을 접수한 듯했고, 갈색이는 홈스테이 마당에 머물렀다. 우리는 저녁으로 나온 닭고기 달밧(밥과 반찬, 콩 수프가 나오는 현지식 백반)을 일부러 넉넉히 남겼다. 이거라도 줘야겠다 싶어 마당으로 나갔더니 구석에 갈색이가 웅크리고 있었다. "멍멍아, 밥 먹자!" 하고 부르자 갈색이가 달려왔다. 녀석은 닭고기 달밧을 게 눈 감추듯 먹어 치웠다. 까망이는 어디로 갔는지 보이지 않았다.

떠나는 날 새벽 5시 반. 차에 짐을 싣는 동안 갈색이부터 찾았다. 곤히 잠든 녀석에게 인사를 했다. 언제 들어왔는지 까망이도 있었다. 두 녀석은 졸린 눈으로 우리를 쳐다보다 다시 잠을 청했다. 우리가 떠나는 걸 아는지 모르는지. 알고 있어도 모른 척하는 건지. 아니면 이런 식의 이별에 익숙해진 건지. 코끝이 찡했지만 우리는 녀석들을 책임질 수 없었다.

Y님이 홈스테이 주인에게 잘 돌봐달라고 부탁했는데 어찌 될지 모르겠다. 그저 일 년 후 이곳에서 다시 만나기를 바랄 뿐이다. 나의 히말라야는 여기서부터 다시 이어질 것이고, 그때까지 녀석들이 기다려줬으면 했다. 우리와의 추억을 기억해주길 바라며(안타깝게도 코로나로 히말라야에 가지 못하면서 녀석들의 소식을 확인할 수 없었다).

출발할 때 좋던 날씨가 히말라야 산맥이 가까워지자 흐려졌다. 로사르(Losar)에 도착했을 때는 눈이 내렸다. 눈이 오면 쿤줌라(Kunzum La 4551 미터)를 넘을 수 없었다. 군인들은 차량을 통제했고, 우리는 허름한 식당에 앉아 라면을 먹으며 기다렸다. 롭상은 쿤줌라를 넘을 수 없을 경우를 대비해 카자(Kaza)로 가는 방법을 제시했다. 카자로 돌아가려면 별도의 허가가 필요했다. 여기서 델리까지는 차량으로 꼬박 이틀 거리였다. 비행기 날짜에 맞추려면 시간이 촉박했다. 일단 카자로 가기로 했다. 기사는 카자로 가는 중에도 지나가는 차들과 수시로 정보를 교환했다. 그 사이 하늘이 걷히는 것 같더니 살짝 해가 비쳤다. 우리는 방향을 바꿔 다시 로사르로 향했다. 로사르에는 벌써 많은 차량이 기다리고 있었다.

5시간을 기다린 후에야 통제가 풀렸다. 쿤줌라로 가는 길은 비포장이라 울퉁불퉁했다. 승용차도 있는 걸 보니 웬만한 차량은 고개를 넘을 수 있는 모양이었다. 하지만 4000미터가 넘어가자 사정이 달라졌다. 몇몇 차들이 미끄러운 지점을 통과하지 못했다. 한참을 기다린 후에야 간신히 쿤줌라에 도착했다. 사람들은 이 와중에도 쿤줌라 정상의 곰파에 들러 사진을 찍었다. 우리도 예외는 아니었다.

내려가는 길은 올라온 길보다 더했다. 지그재그로 이어진 길을 따라 차들이 뒤뚱거리며 내려갔다. 비포장도로에서는 전혀 속도를 내지 못했다. 큰 돌멩이가 수시로 길을 막았고, 그때마다 우리를 태운 차는 거북이처럼 기어가듯 움직였다.

눈 내리는 로사르

쿤줌라로 향하는 차량들

마날리 고속도로에 도착한 건 오후 6시가 다 되어서였다. 해가 떨어지자 낮 동안 녹았던 눈이 얼기 시작했다. 우리가 올라가는 쪽은 응달이라 더 심했다. 짐을 가득 실은 트럭과 승용차가 줄을 지었다. 올라가는 차와 내려가는 차 모두 아슬아슬하게 움직였다. 길옆은 난간조차 없는 천 길 낭떠러지였다. 한 대라도 미끄러지면 대형사고로 이어질 수 있었다. 운전기사는 우리가 탄 차가 사륜구동이라며 걱정하지 말라고 했다. 사정을 아는지 모르는지 위에서는 끊임없이 차가 내려왔다. 파키스탄과 네팔에서 험한 길로 꽤 다녔는데도, 얼어 있는 도로는 공포 그 자체였다. 조마조마해서 몇 번이나 마른침을 삼켜야 했다.

내려가는 길은 양달이라 얼지는 않았지만, 구불구불한 낭떠러지 길은 여전했다. 이 길의 이름은 로탕패스(Rohtang Pass). 티베트어로 '로탕라'라고 하며 시체가 쌓인 길이라는 뜻이다. 그만큼 악명높았다. 운전기사는 이런 길에서도 속도를 줄이지 않았다. 심지어 통화까지 했다. 날이 완전히 어두워졌는데도 여전히 로탕패스로 향하는 차들이 있었다. 진심으로 그들을 말리고 싶었다.

밤 8시 반. 드디어 마날리에 도착했다. 내일 아침이면 요리 팀이 돌아가야 해서 곧바로 시내로 나갔다. 우리는 양고기 스테이크에 맥주를 주문했다. 그리고 남은 공통경비 대부분을 그들에게 팁으로 주었다. 뭔가 더 챙겨주고 싶어도 서둘러 헤어지는 마당이라 아쉽기만 했다. 마지막으로 네팔 친구들과 포옹했다. 고맙고 좋은 사람들. 잊지 못할 것이다.

신은 내게 불안한 동행자들과 훌륭한 스태프들을 함께 보내주었다. 좋은 일행과 좋은 스태프 중에 고르라면, 나는 망설임 없이 후자를 택할 것 같다. 여행이 거듭될수록, 히말라야 트레킹이 잦아질수록 비슷한 결론에 이르렀다. 스태프들과 혼자 하는 트레킹이 가장 좋았다. 히말라야 오지를 다니는 나에게 스태프들은 든든한 울타리이자 동반자였다. 신뢰를 쌓고, 나를 '디디'로 불러주는 그들과의 히말라야는 불안하거나 외롭지 않았다.

마날리에서 쉬는 동안 한국으로 보낼 짐을 Y님께 부탁했다. 두 사람은 돌아가지만, 나는 두 달간 시킴과 네팔을 더 걸을 예정이었다. Y님께는 감사한 마음이 컸다. 끝까지 걷고자 하는 Y님의 의지가 큰 힘이 되었다. 유일하게 내 편이 되어주신 분. 그가 아니었다면 완주가 가당키나 했을까. H님은 여행 자체를 후회할 정도로 고통스러웠던 모양이었다. 여행은 딱 자신이 생각하는 것만큼만 행복하다. 여행의 시작부터 끝까지 모두 자신의 선택이었다. 그리고 그 선택의 결과는 오롯이 자신의 몫이다. 불편한 감정까지도.

고생 끝에 결실을 얻었을 때, 힘들었던 만큼 더 크게 감동한다고 한다. 감동의 순간이 강렬해서 고통스러웠던 기억을 모두 긍정으로 바꿔 놓을 정도로. 나는 라다크 트레킹이 끝난 게 정말이지 너무 홀가분하고 흡족했다. 의도치 않은 일을 겪기도 했지만, 의도한 대로 흘러가는 뻔한 여행보다 나았다. 경험에는 대가가 따르기 마련이고, 나는 미숙함의 대가를 혹독하게 치렀다. 그런데도 시간이 지날수록 나쁜 기억보다 좋은 기억이 무럭무럭 자랐다. 내가 생각한 히말라야를 이어갈 수 있어 다행이고 기뻤다.

누군가는 집착이라 했다. 집착은 어떤 것에 마음이 쏠려 매달리는 것이고, 몰입은 깊이 파고들거나 빠지는 것을 말한다. 집착이든 몰입이든 상관없지만 나는 몰입에 가깝다고 믿는다. 히말라야를 꿈꿀 뿐 매달리지는 않는다. 언젠가 나도 히말라야를 떠나게 될 것을 알고 있다. 지금은 그저 히말라야에 빠져 있음이 좋다. 유목민처럼 히말라야 기슭을 걷는 여행자이고 싶을 뿐이다.

로탕패스에서 뒤뚱거리며 내려오는 차들

작별 인사하는 네팔인 요리 팀

2부

시킴

Sikkim Himalaya

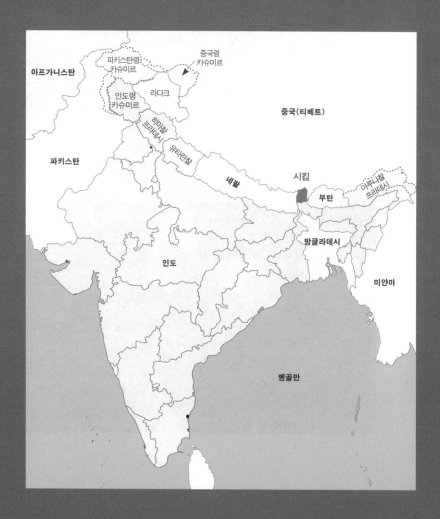

네팔과 부탄 사이에 있는 시킴은 충청북도 크기로 인도에서 가장 작은 주다. '시킴'이라는 말은 이 지역의 낭·창·몬 씨족들이 이야기하던 즐거운 집, 새로운 집이라는 뜻의 '수킴(Sukhim)'에서 유래되었다.

작은 독립국이었던 시킴은 18~19세기에 부탄·네팔과 오랜 전쟁을 벌였고, 이후 영국의 침략을 받았다. 1817년 영국은 네팔의 고르칼리 샤 왕조를 무너뜨리고, 1840년경부터 시킴에서 차밭을 일궜다. 이때 부족한 노동력을 네팔인으로 채웠다.

인도에서 티베트로 넘어가는 통로였던 시킴은, 영국이 인도를 지배하면서 가장 먼저 장악한 곳이었다. 시킴이 영국의 지배를 벗어난 건 1947년 인도가 독립하면서였다. 하지만 인도의 보호령이었던 터라 시킴의 외교·통신·국방은 여전히 인도의 통제하에 있었다. 여기에 절대다수를 차지하고 있던 네팔인들이 시킴 왕정을 폐지하고, 민주사회를 만들자는 움직임을 일으키는데, 자신들이 적절한 대우를 받지 못했다는 게 이유였다. 결국, 1975년에 실시한 주민투표에서 유권자의 97% 이상이 인도와의 통합에 찬성하며, 인도의 22번째 주로 공식 합병되었다. 현재 시킴은 인구의 75%가 네팔계 민족이고, 10%가 부티아족이다. 원주민인 렙차족은 14%다. 언어 역시 네팔어를 사용한다. 종교는 네팔인의 영향으로 힌두교가 67%, 불교가 28%다.

시킴은 티베트 불교에서 언급된 '약속의 땅'이다. 라다크와 함께 티베트 불교의 원형이 가장 잘 남아 있다. 공식적으로 194개의 사원이 있다. 시킴에 불교가 전해진 건 티베트 불교의 아버지 파드마삼바바(구루 린포체)에 의해서였다. 그는 시킴을 가리켜 '숨겨진 보석', '과일과 꽃의 땅'이라 했다. 또한, 티베트 지역에서 불교가 쇠퇴하고, 시킴에서 다시 번창한다고 예언했다.

서쪽의 육솜(Yuksom)은 옛 시킴 왕국의 첫 번째 수도였다. 시킴의 북쪽·서쪽·남쪽에서 온 세 명의 티베트 승려가 우연히 한 자리에서 만났다. 그들은 그 자리를 렙차어로 '육솜'이라 불렀다. '세 명의 고매한 사람들-세 명의 승려'라는 뜻이다. 승려들은 구루 린포체의 예언에 따라 동쪽의 푼쏙을 시킴의 왕으로 임명하고, '남걀'이라는 성을 주었다. 시킴 최초의 왕인 셈이다.

시킴의 중심도시는 동쪽에 있는 갱톡(Gangtok)이다. 이곳도 예전에 시킴 왕국의 수도였던 곳이다. 갱톡은 티베트어로 '언덕 위의 평지'라는 뜻이다. 1716년 지금은 사라진 갱톡 사원을 지으면서, 언덕 위에 땅을 다진 것이 지명이 되었다.

네팔과의 경계에 있는 칸첸중가는 인도 최고봉이자 세계에서 3번째로 높다. 칸첸중가는 히말라야에서 가장 폭이 좁은 곳이다. 시킴의 가장 낮은 지역(224미터)과의 표고 차가 무려 8300미터에 이른다. 극단적으로 가파른 지형이 형성되면서 시킴에는 고도에 따라 한대성에서 열대성 기후까지 존재한다.

히말라야 산맥 동쪽에 자리한 시킴은 몬순의 영향을 가장 크게 받는다. 벵골만에서 발달한 몬순 기온이 히말라야 산맥에 막혀 비를 퍼붓기 때문이다. 연간 강수량은 3900밀리미터로 우리나라의 약 3배다. 기상 변덕이 심한 편이며 6~9월 사이에는 매일같이 비가 내린다. 겨울에는 적설량이 많아 눈 폭풍, 눈사태, 눈보라가 끊임없이 발생한다.

100퍼센트 산악지역인 시킴에는 봉우리 28개, 빙하 21개, 호수 227개가 있다. 주민들은 차와 생강으로 고수익을 거둔다. 450종의 히말라야 난초로도 유명해 부탄과 더불어 다양한 생물의 보고로 불린다.

시킴은 서쪽으로 네팔, 북동쪽으로 중국, 남동쪽으로 부탄과 접해 있다.

군사 · 정치적으로 매우 중요한 곳이다. 인도의 한 주에 해당하지만, 외국인은 인도 비자와 상관없이 별도의 방문 허가증(ILP-Inner Line Permit)을 받아야 한다.

Chapter 3 시킴 북부

시킴 북부는 중국과 국경을 맞대고 있는 긴장 지역이다. 외국인 출입뿐
만 아니라 내국인 출입도 까다로워 찾는 이가 드물다. 이 지역 트레킹은 최
소 3명이어야 허가가 나온다. 스태프와 포터 역시 별도의 허가를 받아야
한다. 시킴 북부 트레킹은 접근이 어렵고 까다로운 만큼 제반 경비가 많이
든다. 출입허가서에는 각종 입장료와 수수료가 붙는다. 현지 가이드와 포
터들도 입장료를 내야 한다. 텐트 설치와 카메라 소지에 따른 비용도 추가
된다. 군사지역이라 위성 전화를 사용할 수도 없다. 위반할 경우 강력한 처
벌이 따르므로 주의가 필요하다

라바라패스(Lavala Pass 4657미터)는 윰탕(Yumthang 3659미터)에서
라첸(Lachen 2730미터)으로 넘어가는 비교적 짧은 코스다. 발길이 뜸한
곳이라 일부 구간은 길이 없거나 끊겼다. 빽빽한 랄리구라스 숲과 우거진
정글을 지나야 하므로 반드시 경험 많은 스태프와 동행해야 한다. 트레킹
은 3~4일 정도 소요되고, 전 일정 야영으로 진행된다.

칸첸중가 베이스캠프 트레킹은 네팔(남쪽, 북쪽)과 인도(남쪽, 동쪽)에
서 할 수 있다. 그린레이크(Green Lake 4783미터)는 인도 쪽 칸첸중가의
동쪽 베이스캠프다. 동쪽에서는 칸첸중가의 다섯 개 봉우리 중에서 주봉,

중봉, 남봉을 볼 수 있다. 5개를 모두 볼 수 있는 곳은 네팔의 남쪽 베이스캠프가 유일하다. 그린레이크는 주변 산군이 원형 극장처럼 둘러싸여 있어, 우아한 자태의 칸첸중가를 정면에서 볼 수 있다. 트레킹은 8~9일 정도 걸리며, 출발과 하산지점을 제외하고 전 일정 야영이 필요하다.

* 칸첸중가의 다섯 개 봉우리 : 주봉(8586미터), 서봉(알룽캉, 8505미터), 남봉(8494미터), 중봉(8482미터), 캄바첸(7903미터)

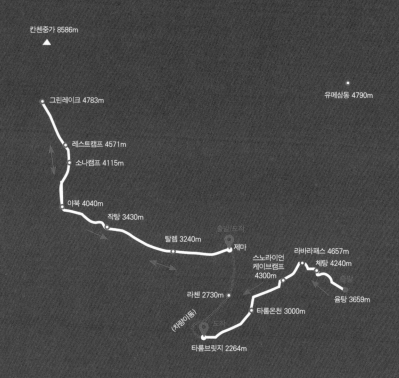

이동경로

라바라패스 : 융탕-체탕-라바라패스-스노라이언 케이브캠프-타룸온천-라첸
그린레이크 : 제마-탈렘-작탕-야북-레스트캠프-그린레이크-야북-탈렘-제마

13

길
없
는
길

마날리부터 델리 공항까지 16시간이 걸렸다. 공항에서 Y님, H님과 헤어지고 나는 새로운 동행자들이 기다리고 있는 호텔로 향했다. 시킴 트레킹을 같이할 사람들은 J님과 S님으로 라다크처럼 인터넷으로 모집했다. 학습된 피곤을 상기하며 무엇도 기대하지 않았다. 그저 여행이 조용히 끝나기만을 바랐다. 라다크의 피곤이 풀리기도 전에 새로운 사람들을 만난 터라, 사실 아무 생각이 없었다.

바그도그라(Bagdogra) 공항에 도착하자 가이드와 운전기사가 마중 나왔다. 우리가 처음 도착한 곳은 히말라야 기슭의 다즐링(Darjeeling)이었다. '천둥·번개가 번쩍이는 언덕'이라는 뜻의 다즐링은, 인도 북동부 서벵골주의 휴양 도시다. 갱톡으로 바로 가도 되는데 그쪽 지역을 잘 모르고, 모 여행사의 일정을 참고하는 바람에 그리되었다. 다즐링에서 우리는 특별한 일정을 갖지 않았다. 저녁이 늦기도 했고 날씨도 흐렸다. 이번 트레킹은 세 명뿐이라 조촐했다. 다들 말이 없는 편이라 차로 이동할 때도 조용했다.

갱톡까지는 구불구불한 산악도로를 따라갔다. 네팔이라면 포장도로 여

기저기 깨지고 패였을 텐데, 시킴은 대체로 정돈돼 보였다. 산악도시인 갱
톡은 도시 전체가 능선 주변에 모여 있었다. 좁고 경사진 곳에 층층이 쌓
아 올린 건물들이 경이로웠다. 전체적으로 비탈이 심한 지역이라 건물 역
시 계단식이었다. 한쪽은 지상이면서 한쪽은 지하인 구조였다. 영국령일
때 영향을 받아서인지, 반듯하고 빽빽하게 들어찬 건물에서 유럽의 느낌
도 났다.

호텔에 짐을 풀고 MG로드(Mahatma Gandhi Road)에 갔다. S님이 꼭 가
봐야 한대서 계획에 없던 관광 일정을 가졌다. MG로드는 마하트마 간디
거리로 우리나라로 치면 명동 같은 곳이었다. 시킴은 다른 지역보다 깨끗
한 것으로 유명했다. 인도에서 환경의식이 가장 강한 자치정부로, 실제 거
리에 쓰레기가 거의 없었다.

주세 면제 지역인 시킴은 시내 여기저기 술집이 널려 있었다. 그런데 하
필이면 우리가 간 날이 보름달이 뜨는 '드라이 데이(Dry day)'였다. 불교
에서 신성한 날로 여기는 그믐달과 보름달이 뜨는 날, 그리고 몇몇 기념일
에는 드라이 데이라 하여 술과 고기를 먹지 않는단다. 거리에서는 담배를
피울 수 없지만, 식당에서는 가능한 것도 특이했다. 이날 우리는 S님이 조
사한 맛집 몇 군데를 도는 것에 만족하고 호텔로 돌아갔다.

트레킹 허가를 받는 데만 꼬박 하루가 걸렸다. 기다리는 동안 MG로드 끝
자락에 있는 시장에 갔다. 어마어마한 규모의 시장은 남대문 시장처럼 온
갖 것이 다 있었다. 나는 머리를 깎고 싶어 가이드 비노드에게 이발소를 부
탁했다. 그는 비싼 곳과 싼 곳 중 원하는 곳을 물었고, 당연히 싼 곳을 택했
다. 비노드가 데려간 곳은 1층 골목에 있는 작은 이발소였다. 네팔에서도
종종 이발소를 이용했기에 어색하지 않았다. 오히려 이발사의 현란한 가
위 솜씨가 만족스러웠다.

비노드가 소개해준 티베트 식당은 우리의 입맛을 단번에 사로잡았다. 모모(MoMo, 만두)와 뗀뚝(Thentuk, 티베트식 수제비)은 지금까지 먹어 본 것 중 최고였다. 시원한 국물이 좋아 이후에도 우리는 종종 이 식당을 찾았다. 소고기가 가장 비싼 우리나라와 달리 이곳은 닭고기가 가장 비쌌고 다음이 돼지고기, 소고기 순이었다. 인도는 소를 숭배하는 나라로 알려져 있지만, 아이러니하게도 소를 가장 많이 수출하는 나라다. 우리가 식당에서 먹는 소고기는 버펄로(Buffalo)라 불리는 물소 고기였다. 힌두교에서 신성시하는 암소와 다른 소는 먹을 수 없지만, 물소 도축은 가능하다. 그렇다고 인도의 모든 식당에서 물소 고기를 파는 건 아니다. 티베트나 외국 음식점 정도다.

숙소로 돌아가기 전 마지막으로 여행사에 들렀다. 잔금을 치러야 했다. 여행사 사장 고팔은 150센티미터 정도의 키에 단단한 인상이었다. 마치 땡감 같았다. 네팔인인 그는 수완이 좋았다. 시킴에서도 꽤 알아주는 여행사인 듯했다. 30대 중반의 비노드는 가이드로서 딱 좋았다. 너무 어리지 않으면서 경험도 적당했다. 그는 우리의 모자란 영어를 고려해 쉬운 말로 설명하려고 애썼다. 말이 길어진다 싶으면 친절하게 번역기에 적어서 알려주었다. 인도식 영어는 우리의 귀를 더 먹통으로 만들었지만, 노련한 가이드를 만나 다행이었다.

시킴 북부 트레킹은 까다로운 허가만큼 찾아가는 길도 멀었다. 라충(Lachung 2600미터)까지 가는 동안 검문소를 몇 군데나 들렀다. 라충은 트레킹 시작 전 마지막 숙소가 있는 곳이었다. 우리가 도착하자 먼저 와 있던 고팔 사장과 포터들이 반겼다. 그중 유난히 우리를 챙기는 친구가 있었는데 보조 가이드 에디였다.

라충에서 윰탕(Yumthang 3659미터)까지 2시간. 거기서 다시 유메삼동 (Yume Samdong 4,790미터)까지 2시간이 걸렸다. 유메삼동은 민간 차량 이 갈 수 있는 가장 끝 지점이었다. 비노드는 거기서 30킬로미터만 더 가 면 중국이라고 했다. 군사지역이라 군부대가 자주 보였지만, 민간 차량을 검문하지는 않았다. 심지어 군인들이 훈련 중이었는데도 그대로 보내주었 다. 그렇다고 군사시설이 있는 곳을 함부로 사진을 찍어서는 안 된다. 삼엄 한 국경지대라 위성 전화를 사용하거나 소지하는 것도 불법이다. 고팔 사 장과 비노드는 우리에게 위성 전화 사용이 불가하다는 것을 몇 번이나 강 조했다. 이를 어기면 감옥에 가야 한다며.

우리가 유메삼동에 도착했을 때는 도로포장이 한창이었다. 인도와 네팔 에서는 도로 공사에 여자 인부도 투입되는데, 보통 돌을 나르거나 삽질을 했다. 시킴 남쪽의 울창한 숲과 달리 유메삼동은 고원의 느낌이 물씬 풍겼 다. 그도 그럴 것이 여기서 티베트고원이 지척이었다.

유메삼동에 다녀온 사이 스태프들이 텐트를 쳐놓았다. 텐트는 고팔 사 장이 약속한 대로 노란색 돔텐트(반구형 모양의 텐트)였지만 하나만 A텐 트(A자 모양의 텐트)였다. 텐트 3동에서 모두 퀴퀴한 곰팡내가 났고, 그중 A텐트가 가장 좋지 않았다. 우리와 함께하는 인원은 총 18명. 가이드와 보 조 가이드, 요리사와 주방 보조 3명, 나머지는 포터였다. 그들은 국적만 인 도일뿐 모두 네팔인이었다. 라다크에 이어 시킴에서도 네팔인들을 만나 내심 기뻤다.

티베트 불교문화 지역인 시킴은 낯설지 않았다. 라다크가 네팔 서부나 티베트 분위기라면, 시킴은 네팔 동부와 비슷했다. 네팔을 먼저 경험한 나 에겐 두 곳 모두 네팔처럼 느껴졌다. 이질감이 없어 한 나라를 다니는 듯 한 기분이었다.

윰탕에서 고팔 사장과 포터들과 함께

유메삼동

10월 중순이라 밤사이 이슬이 내렸다. 우리는 텐트까지 다 말린 후, 여유롭게 출발했다. 첫날 야영지인 체탕(Tsethang 4240미터)은 높이가 있어 천천히 걷는 게 중요했다. 우리는 도로를 따라 걷다가 다리를 만나는 곳부터 올라섰다. 경사가 상당해 시작부터 땀이 쏟아졌다. 고소 적응이 되지 않았다면 꽤 힘들 수 있는 곳이었다.

11시가 되기도 전에 요리사 우메스가 점심을 준비하기 시작했다. 계속 진행해도 괜찮은데, 그들에게는 시간 맞춰 점심을 준비하는 게 중요해 보였다. 같은 인도라도 트레킹을 진행하는 방식이 달랐다. 라다크에서는 한 번도 중간에 점심을 만들어주지 않았지만, 이번 팀은 매번 새로운 점심을 제공했다.

점심 장소에 물이 없어 포터 몇 명이 멀리서 길어왔다. 그덕에 점심시간이 2시간이나 걸렸고, 기다리는 동안 꽤 추웠다. 우메스는 점심으로 파스타를 준비했다. 토종 입맛인 J님과 S님은 입에 맞지 않는 듯 표정이 좋지 않았다. 나는 우메스에게 파스타, 스파게티, 피자보다 달밧, 메기(인도식 라면), 뗀뚝 같은 현지 음식을 부탁했다. 점심은 간단한 게 좋다는 말도 덧붙였다.

점심을 먹고 출발하자마자 눈이 내렸다. 순식간에 구름이 몰려오더니 자욱해졌다. 체탕은 야영지가 협소하고 자리가 좋지 않았다. 간신히 자리를 내어 텐트를 쳤지만, 바닥이 올통불통했다. S님의 텐트 상태가 좋지 않은 게 계속 마음에 걸렸다. 비노드에게 이번에 하산하면 텐트를 바꿔 달라고 했다. 눅눅한 스펀지 매트리스는 발포 매트리스로 교체해달라고 요청했다. 눈은 쉬이 그치지 않았다. 축축해진 눈이 쌓이면서 텐트를 무겁게 눌렀다. 짝퉁 텐트가 언제 무너질지 몰라 수시로 나가서 눈을 털었다. 첫날부터 심란했다.

히말라야 트레킹은 눈이나 비가 내리면 고스란히 불편으로 연결된다. 다른 여행보다 날씨의 영향을 많이 받는다. 젖은 텐트를 그대로 져야 하는 포터들도 괴롭기는 마찬가지다. 날씨가 연달아 좋지 않으면 텐트를 말릴 틈도 없다. 추위에 체온이 떨어지는 것도 당연지사. 히말라야는 어느 지역이든, 어느 계절이든 반드시 방한복을 챙겨야 한다. 장비를 챙긴 만큼 몸이 편하고 안전하다.

체탕으로 향하는 포터들

눈 내리는 체탕 야영지

아침에는 갤 줄 알았는데 여전히 눈이 내렸다. 짙은 안개까지 끼었다. 날씨가 이런데도 포터들은 불을 피워 놓고 콧노래를 흥얼거렸다. 정말 낙천적인 사람들이다. 나는 괜히 침울해서 아침을 먹으면서도 뭉그적댔다. 걷고 싶지 않은 날이었다.

가이드 비노드는 속도 조절을 잘했다. 그는 선두에서 수시로 우리가 오는지 확인했다. 한 명이라도 늦으면 반드시 기다렸다 출발했다. 덕분에 라다크에서와 달리 이곳에선 모두 같이 걸었다. 그동안 나는 혼자 걷기도, 먼저 가기도, 맨 뒤에 있기도, 이렇게 같이 걷기도 했다. 겪어 보니 사람이 많을 때는 혼자 걷는 게 좋고, 조촐할 때는 같이 걷는 게 나았다.

시킴 히말라야가 다양한 생물의 보고라더니 정말 그랬다. 태어나서 처음 보는 특이한 식물이 자주 보였다. 그중 뿔처럼 긴 식물이 가장 눈에 띄었다. 양배추처럼 넓적한 이파리가 줄기를 감쌌고, 그 안에 씨가 있었다. 고산대의 바위 비탈에 자생하는 레움 노빌레(Rheum nobile)다. 주로 네팔 동부에서 부탄까지 4000~4800미터 고산대에서 자란다.

동서로 길게 뻗은 히말라야는 동부와 서부의 기후가 판이하다. 네팔의 카트만두를 기준으로 동서로 나누면, 서부는 건조하고 동부는 강수량이 많다. 빈약한 서부와 달리 동부는 산기슭에도 식생이 잘 발달해 있다. 그래서 트레킹 적기도 다르다. 서부 히말라야는 여름이 좋고, 동부 히말라야는 가을 이후가 좋다.

2시간 만에 라바라패스(Lavala Pass 4657미터)에 도착했지만 아무것도 보이지 않았다. 우리는 정상에서 사진만 찍고 바로 내려갔다. 10월이라 바닥을 덮은 풀이 붉게 물들었다. 초록을 유지하는 건 키 작은 랄리구라스뿐이었다. 빤히 보이는 스노라이언 케이브캠프(Snowlion Cave Camp 4300미터)까지는 1시간이 걸렸다. 이름과 달리 평평한 초지였다. 비노드에게 동굴이 어디 있는지 물었더니 그런 건 없단다. 스노라이언은 히말라야 눈표범을 말하는 듯했다. 초지 옆에는 검고 작은 호수가 있었다. 이름이 없어서 내 마음대로 '깔로 포카리'로 지었다. 네팔어로 '검은 연못'이라는 뜻이다.

시킴 북부에 관한 정보가 없어 여행사 일정을 따랐더니 여유가 넘쳤다. 하루에 걷는 시간이 3~4시간 정도에 불과했다. 다른 히말라야 지역보다 고도가 높지 않아 대체로 무난했다. 히말라야 캠핑 트레킹은 보통 백인 노년층이 많이 하는 편이다. 그래서인지 전체 일정이 그들의 수준에 맞춰진 듯했다. 우리 팀 정도면 며칠 정도는 줄일 수 있겠지만, 여유롭고 느슨한 여행도 나쁘지 않았다.

히말라야 고산 지대에서 자라는 식물 레움 노빌레

스노라이언 케이브캠프

라바라패스에서 내려오는 일행

가장 좋은 계절에 찾아왔건만 연이어 눈이 내렸다. 아침에 일어나니 텐트가 꽁꽁 얼어 있었다. 입구의 지퍼까지 얼어붙어서 텐트 문이 열리지 않았다. 핫팩이 너무 뜨거워서 침낭을 열어놓고 잤더니 감기에 걸렸다. 이보다 더 추웠던 라다크에서는 멀쩡했는데 시킴 트레킹 이틀 만에 감기라니. 피곤이 누적된 모양이었다. 바깥을 내다보니 눈 내린 풍경이 근사했다. 하늘도 조금씩 열리고 있었다.

비노드는 타룸온천(Tarum Hot Spring 3000m)까지 8시간 거리라고 했다. 그는 우리가 얼마나 잘 걷는지 아직 모르고 있었다. 비노드는 휴일을 없애고 이틀에 나눠 가기를 원했지만, 우리에게 8시간은 문제 되지 않았다. 이왕이면 마을이 있는 곳에서 제대로 쉬고 싶었다.

젖은 랄리구라스 이파리들이 바지와 등산화를 적셨다. 허리 정도 높이의 랄리구라스는 빽빽하게 들어차서 옴짝달싹 못 하게 했다. 이곳에서 보이는 모든 초록은 랄리구라스였다. 2500~4000미터에서 자라며, 높이마다 사는 종류가 다르다. 무려 45종에 달한다. 네팔 국화로 지정되어 있지만, 밀도가 가장 높은 곳은 시킴이다. 랄리구라스가 잘 자라려면 온도가 낮고 습도야 높아야 하는데, 그런 점에서 시킴은 완벽한 곳이었다.

시킴은 설산이 연상되는 히말라야와 약간 달랐다. 울창한 숲과 그 사이로 흐르는 맑은 물이 그랬다. 기암괴석과 단풍은 설악산을 떠올리게 할 만큼 화려하고 고왔다. 어디를 보나 생기가 넘치고 풍성해서 싹 찬 느낌이었다.

그간 보았던 히말라야의 모습은 지역에 따라 다양했다. 네팔에서는 내로라하는 설산을 보았고, 파키스탄에서는 첨봉과 거대 빙하, 초원과 야생화를 만났다. 라다크에서는 척박하고 황량한 히말라야를 원 없이 걸었다. 그리고 여기 시킴에서는 모든 게 왕성하게 살아 있어 곳곳에서 생기가 넘쳤다.

앞장선 비노드의 바지와 신발이 홀딱 젖었다. 그를 보고 있으면 어렸을 때 TV에서 보았던 '머털도사'가 생각났다. 부스스한 머리와 생김새가 딱 그랬다. 그가 옷을 갈아입는 동안 먼저 출발했다. 팬티만 입고 서 있는 게 왠지 그런 눈치였다.

길은 이어졌다가 끊어지기를 반복했다. 계단이 남아 있는 걸 보면 예전에는 사람들이 꽤 다닌 듯했다. 도로가 생긴 지금은 완전히 묵은 길이 되었지만, 한때는 반질반질 윤이 나는 길이었을지도 모른다.

아슬아슬하게 이어지던 길이 갑자기 끊겼다. 길 일부가 큰물에 휩쓸려가 흔적도 남지 않았다. 몇몇 포터들이 옆구리에 쿠쿠리(Khukuri, 네팔 구르카족의 상징인 단검)를 차고 숲으로 향했다. 그들이 길을 찾는 동안 남은 사람들은 점심을 먹었다.

포터들을 따라 길을 나섰다. 길은 없었지만, 그들은 쿠쿠리를 휘두르며 정글을 뚫었다. 산짐승의 흔적조차 보이지 않을 정도로 우거진 숲에선 하늘이 보이지 않았다. 희미한 길을 따라 하염없이 내려갔다. 포터들은 적당한 공터에서 야영하길 바랐지만, 우리는 계속 가기를 원했다. 모든 것이 축축한 숲에서 얼른 벗어나고 싶었다.

타룸온천에 도착한 건 7시간 반 만이었다. 그곳엔 몇 동의 건물이 있었고 우리는 그중 하나에 짐을 풀었다. 숙박 시설이라기보다 대피소에 가까웠다. 바닥이 마루라 하룻밤 머물기에 괜찮아 보였다. 방 옆에는 화장실과 부엌이 있었다. 화장실은 사용할 수 없었지만, 부엌은 불을 피울 수 있었다. 건물에서 약간 떨어진 곳에는 큰 온천탕이 2개나 되었다. 탈의실과 화장실도 갖춰져 그럴싸했다.

불을 피운 부엌에서 저녁을 먹으니 한결 기분이 좋았다. 분위기 있는 음악도 한몫했다. 감기가 심해진 나는 하루 사이에 코맹맹이가 되었다. J님이 주신 감기약에 그나마 괜찮아졌지만, 몸은 여전히 으슬으슬했다.

저녁을 먹고 J님과 S님은 온천탕으로 올라갔다. 그곳엔 이미 포터들이 팬티만 입고 들어가 있었다. 마을에서 올라온 꼬마들은 발가벗은 채 돌아다녔다. 탕 안에 모여 있는 남자들이 몹시 행복해 보였다. 나는 그저 부러울 뿐이었다.

빽빽한 랄리구라스 숲을 지나며

가을 분위기가 물씬 풍기는 암봉과 포터들

쉬고 있는 포터들

다 내려와서 만난 계곡은 바위가 미끄러워 건너기 조심스러웠다. 포터들은 우리가 도착할 때까지 기다렸다가 배낭을 받아주었다. 친절하고 고마운 사람들이다. 하산지점에는 우리를 태울 트럭과 승용차가 대기하고 있었다. 시킴은 네팔 못지않게 이런 시스템이 잘 되어 있었다. 우리는 대기하고 있던 차를 타고 라첸(Lachen 2730미터)으로 향했다.

라첸은 큰 마을이었다. 높은 건물의 호텔이 제법 있었다. 우리는 별도의 화장실이 있는 방을 배정받았다. 뜨거운 물도 잘 나왔다. 오랜만에 샤워하고 밀린 빨래부터 했다. 수건으로 빨래의 물기를 빼는 동안 방에 빨랫줄을 걸었다. 옆방의 J님과 S님도 빨래하느라 여념이 없었다. 빨래가 끝나자 기다렸다는 듯 비가 쏟아졌다. 하루만 늦었어도 이 비를 쫄딱 맞고 걸을 뻔했다.

점심을 먹고 마을의 작은 가게로 향했다. 이렇게 비가 내리고 추운 날에는 똥바(Thongba)가 제격이다. 나는 티베트 전통 술 중에서도 똥바를 가장 좋아했다. 따뜻하면서도 부드러운 청주 맛이 딱 내 취향이다. 똥바는 발효시킨 꼬도(기장)에 따뜻한 물을 부어 대나무 빨대로 마신다. 10분 정도 두면 술이 우러나는데, 이때 빨대로 똥바를 젓지 않는 게 좋다. 저어서 마시면 나중에 머리가 아프다. 똥바는 따뜻한 물을 부어 4번까지 우려 마실 수 있다. 도수는 약한 편이다. 손님에게는 수시로 따뜻한 물을 부어주는 게 예의다. 마시고 난 똥바 찌꺼기는 가축의 먹이로 준다.

저녁을 먹는데 비노드가 찾아왔다. 그는 A텐트를 돔텐트로 바꿔줄 수 없다고 했다. 유럽 원정대에 돔텐트를 모두 보내서 남은 게 없단다. 나는 애초에 우리에게 제공하기로 했던 게 돔텐트였으니, 구매해서라도 보내라고 했다. 다행히 고팔 사장은 말이 통하는 사람이었다.

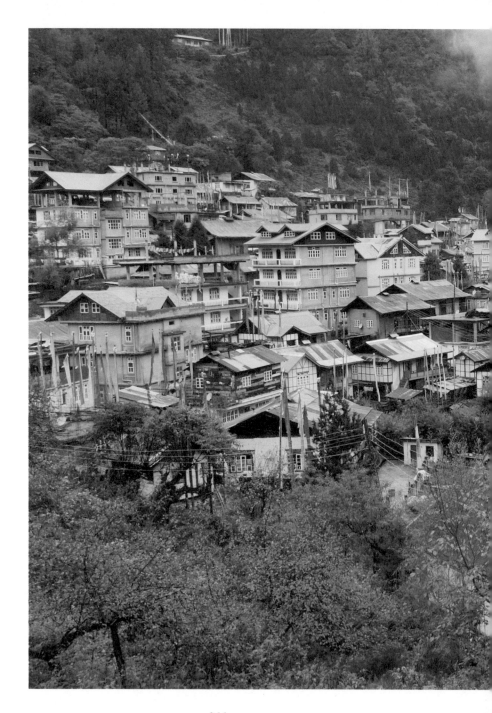

제법 큰 마을인 라첸

14

그
린
레
이
크
는

어
디
에

이틀 동안 내리던 비가 출발하는 날 아침에 그쳤다. 고팔 사장은 약속대로 새로운 텐트와 발포 매트리스를 보내주었다. 우리가 부탁한 돼지고기도 챙겨주었다. 비노드는 갑자기 집안일이 생겨 집으로 돌아가야 했다. 이제부터 가이드는 에디였다. 29살인 그는 가이드로서는 아직 미숙했지만, 친절하고 상냥했다.

포터들이 트럭 뒤에 올라타는 동안 우리는 앞자리에 앉았다. 트레킹 시작 지점까지 트럭으로 이동한다는 게 신선했다. 길가의 소들은 트럭을 만나도 개의치 않았다. 부지런히 풀만 뜯었다. 트럭이 계속 기다리자 그제야 느릿느릿 길을 터줬다. 그러는 동안에도 기사는 경적 한 번 울리지 않았다. 트럭에 탄 누구도 소리치지 않았다.

제마(Zema)까지 트럭으로 이동한 시간은 20분 남짓이었다. 걸어가려면 하루가 꼬박 걸릴 터였다. 출발에 앞서 단체 사진부터 찍었다. 그러고 보니 라다크에서는 한 번도 단체 사진을 찍지 않았다. 그럴 생각조차 하지 못했다. 라다크는 모든 게 건조했다. 풍경도 사람도. 시킴은 풍경도 사람도 생기가 넘쳤다. 따뜻한 유대가 느껴졌다. 나는 그대로인데 상황은 전혀 딴판이 되었다.

우리는 제마추(Zema Chu)를 따라 올라갔다. 큰 물난리를 겪은 계곡은 곳곳이 산사태로 심하게 망가진 상태였다. 산비탈에 위태롭게 매달린 바위가 아슬아슬해 보였다. 무너지면 당장 피할 곳이 없었다. 불안하고 긴장된 마음으로 걸음을 재촉했다. 12시가 되기도 전에 탈렘(Tallem 3240미터)에 도착했다. 탈렘에는 비를 피할 수 있는 건물이 있어 포터들이 그곳에 짐을 풀었다. 건물 한 동은 겨울에 내린 눈의 무게를 이기지 못했는지 폭삭 주저앉아 있었다.

트레킹을 시작하고 처음으로 날씨가 좋아 침낭이며 마르지 않은 옷을 전부 널었다. 텐트 안의 곰팡내는 여전해서 침낭에도 냄새가 뱄다. 해가 좋을 때마다 텐트를 바싹 말렸지만, 곰팡내는 좀처럼 빠지지 않았다. 저녁에는 우메스가 돼지고기를 백숙 식으로 요리해서 내놓았다. 라첸에서 J님과 S님이 백숙 만드는 법을 알려줬더니 그 방법을 응용했다.

이번 일행도 술을 좋아하기는 만만치 않았다. 챙겨 온 술만 해도 상당했다. 하지만 트레킹 중에는 거의 마시지 않았다. 마시더라도 한 잔 정도거나 트레킹이 끝날 때 마셨다. 두 사람은 조금이라도 이상한 느낌이 들면 술을 마시지 않았다. 나는 이번에도 술과 관련해 아무런 말도 하지 않았다. 무얼 선택하든 그들의 몫이라 생각했다.

라다크가 극기 훈련이었다면 시킴은 유람이었다. 무난한 숲길을 지나 2시간 만에 작탕(Jakthang 3430미터)에 도착했다. 놀랍게도 오늘은 이게 끝이었다. 오후가 되자 빗방울이 떨어졌다. 10월이면 몬순이 끝날 때도 됐는데 하루가 멀다고 비가 내렸다. 여름이면 얼마나 많은 비가 내릴지 짐작이 갔다.

포터들은 어디서 지붕으로 썼던 것을 가져다 비스듬히 세웠다. 그게 그들의 잠자리였다. 일부는 대나무의 한 종류인 조릿대를 꺾어다 식당 텐트 주변에 쌓아 놓았다. 우리가 저녁을 먹고 나면 조릿대를 깔아 잠자리를 만들기 위해서다.

탈렘 가는 길

탈렘에서 출발 준비하는 포터들

텐트 전실에서 물이 줄줄 흘렀다. 등산화 위에 우산을 올려놓기를 잘했다. 결로 때문에 텐트 바닥에서도 물기가 올라왔다. 매트리스를 들추자 바닥이 흥건했다. 텐트를 칠 때는 바닥 시트가 기본인데, 무슨 이유인지 여행사에서 준비하지 않았다.

나무 위에서 눈 녹은 물이 뚝뚝 떨어졌다. 나무가 많다 보니 흡사 비가 내리는 것 같았다. 결국, 우산을 펼쳤다. 축축한 길은 마땅히 쉴 곳조차 없었다. 눈사태로 길이 쓸려나간 곳도 있었다. 계곡에는 지난여름에 내린 눈이 그대로 남아 있었다. 최근에 사람이 다니지 않은 듯, 일반적인 트레킹 코스라고 보기엔 망가진 곳이 많았다.

야북(Yabuk 4040미터)은 미처 녹지 못한 눈과 흙이 섞여 질퍽거렸다. 그 위에 텐트를 치려니 심란했다. 대피소라고 있는 건 앉은키 정도의 낮은 건물뿐이었다. 포터들은 무너진 건물 자재를 모아다 기둥을 세우고, 양철 지붕으로 벽을 만들었다. 못 하나 쓰지 않고 돌아다니는 비닐과 끈으로 기둥을 고정했다. 순식간에 뚝딱 지어진 건물은 그런대로 아늑했다. 몇몇 포터들은 나무를 잔뜩 해와 안에다 불을 피웠다. 따로 빼놓은 나무판자는 식당 텐트 바닥에 깔아 진흙이 묻어나지 않게 했다. 그들은 주변에 널브러진 재료만 가지고도 눈을 피할 수 있는 곳과 잠자리까지 해결했다.

눈이 쏟아졌다. 흙바닥에 친 텐트는 결로가 심해 사방에 물기가 맺혔다. 빵빵했던 거위 털 침낭도 잔뜩 풀이 죽었다. 에디는 눈이 높이 쌓일 것 같다며 하루 휴식하기를 권했다. 그러는 동안 자신은 포터들과 길 상태를 확인하고 오겠단다. 우리는 에디의 의견대로 기다려보기로 했다.

눅눅한 가운데서도 꿀잠을 잤다. 발아래 핫팩은 텐트의 축축함을 잊게 할 정도로 따뜻했다. 날씨가 개는 듯해 텐트를 통째로 들어다 말렸다. 휴식이라지만 딱히 할 일이 없어 코인 티슈로 텐트에 묻은 흙을 전부 닦아

냈다. 일을 벌인 김에 '이사'도 감행했다. 개울 옆 공터가 좋아 보여 그곳에 텐트를 설치했다.

돌아온 에디는 눈이 발목까지 쌓였다며 내일 출발할 수 있을 거라고 했다. 그 말이 무색하게도 오후부터 본격적으로 눈이 쏟아졌다. 텐트 위로 떨어지는 눈 소리가 요란했다. 도대체 눈이 얼마나 쌓이려는 것일까. 무섭게 쌓이기 시작한 눈은 텐트를 무겁게 짓눌렀다. 그럴 때마다 텐트를 툭툭 쳐서 눈을 털어내는 일을 반복했다. 밤사이 스태프들이 두어 번 텐트를 털어 주었지만, 눈은 그치지 않았다.

눈사태로 쓸려나간 길

야북에서 포터들이 만든 대피소

아침에 일어나 보니 칙칙하던 산이 근사한 흰옷으로 갈아입었다. 구름은 여전히 많았지만, 날씨가 개는 것처럼 보였다. 상황을 지켜보는데 포터들이 짐을 꾸리기 시작했다. 우리도 부랴부랴 짐을 꾸렸다. 포터 2명은 야북에 남기로 했다. 두고 가는 짐을 지키기 위해서였다. 우리가 가는 방향으로 차츰 큰 산의 모습이 드러났다.

나는 히말라야를 생각하면 위대한 등반가들보다 포터들이 먼저 떠오른다. 그들은 꾸미거나 치장하지 않아도 설산과 참 잘 어울렸다. 오랫동안 산에 다닌 사람들은 함부로 산을 '정복'했다고 말하지 않는다. 누구든 산의 허락이 떨어져야만 산에 들 수 있다. 히말라야 트레킹도 마찬가지다. 하늘이 돕지 않으면 가던 길을 되돌아와야 한다. 그러니 산 앞에서는 항상 겸손해야 한다.

소나캠프(Sona Camp 4115미터)에 멈춘 에디는 레스트캠프(Rest Camp 4571미터)까지 1시간 거리라 했다. 에디는 이쯤에서 야영하기를 바랐지만, 우리는 계속 진행했다. 그래야 다음날이 편했다. 얼마 안 가서 에디가 말한 레스트캠프가 나왔다. 4600미터쯤 되는 곳이었다. 주변에 낮은 나무가 있어 땔감을 구할 수 있었고 물도 가까웠다. 요리 팀은 돌담이 쌓인 곳에 주방 텐트를 쳤다. 우리는 그보다 높은 곳에 자리를 잡았다. 필수인력을 제외한 나머지 포터들은 야북으로 내려갔다. 그들은 모레 아침에 다시 오기로 했다.

야북에서 만난 설국

출발 준비하는 포터들

눈길을 걷는 일행

"나이스 뷰~"

에디가 환하게 웃으며 아침 인사를 건넸다. 매일 눈과 비가 내리던 하늘이 드디어 갰다. 에디의 말대로 야북에서 휴식하기를 잘했다. 기분 좋게 아침을 먹고 S님이 내려준 원두커피를 마셨다. 그는 히말라야에서 커피를 마시겠다고 원두와 기구를 챙겨왔다. 일행 중에 이런 분이 있으면 모두가 행복하다. 덕분에 우리는 종종 근사한 풍경을 바라보며 커피 향을 즐길 수 있었다.

에디와 포터 3명이 앞장서서 눈을 쳐냈다. 그들은 러셀을 하면서도 우리가 걷기 편하게 신경 써서 길을 냈다. 1시간쯤 올라가자 평평한 지대가 나왔다. 에디는 이곳도 레스트캠프라 했다. 일정표에 표시된 장소였다.

밤사이 많은 야생동물이 다녀갔는지 발자국이 어지럽게 널려 있었다. 급하게 지난 것 같은 산양 떼의 흔적이 빙하 둔덕까지 이어졌다. 그 주변으로 히말라야 눈표범의 발자국이 무수히 찍혔다. 가는 내내 발자국이 있는 걸 보면 한 마리가 아닌 듯했다. 눈표범은 파미르고원과 히말라야, 그리고 동부 티베트까지 활동영역이 넓다. 좀처럼 만나기 어려운 동물이다. 현재는 전 세계에 5천 마리 정도만 남았다고 한다.

우리는 제무빙하(Zemu Glacier)를 따라서 올라갔다. 칸첸중가에서 시작하는 제무빙하는 26킬로미터에 달한다. 동부 히말라야에서 가장 큰 산 아래 가장 긴 빙하가 있는 셈이다.

그런데, 정면에 보이는 저 흰 산이 설마 칸첸중가?

이렇게 코앞에 있어도 되나 싶은 정도로 가까웠다. 왠지 한참을 들어가야 나타날 것 같았는데, 레스트캠프에서도 흰히 보였던 산이 칸첸중가였다니. 내가 네팔에서 만난 칸첸중가는 멀리서 귀퉁이만 볼 수 있었다(북쪽 베이스캠프). 게다가 우락부락하고 못생긴 산이었다. 저리 우아하고 기품 있는 산일 거라고는 상상하지 못했다. 양 날개를 펼친 듯, 칸첸중가의 남봉 · 중봉 · 주봉이 나란히 보였다. 여기서 보는 칸첸중가는 완전한 산의 모습이었다. 주변의 여러 산 가운데서도 유독 상서롭게 빛났다. '빛나는 눈의 보석' 그 자체였다.

칸첸중가는 히말라야 14좌 중 가장 동쪽에 있는 고봉이다. 서쪽의 낭가 파르바트부터 시작된 히말라야 산맥은, 네팔에서 우뚝 솟다 칸첸중가를 지나면서 기세를 낮춘다. 하지만 산맥은 여기서 끝나지 않는다. 티베트 동쪽까지 한참이나 이어진다.

완만하게 올라가는 터라 고도가 크게 변하지 않았다. 우리는 4800미터 조금 못 미치는 곳까지 올라갔다. 에디는 그곳이 '그린레이크'라 했다. 이름만 보면 마치 아름다운 에메랄드빛 호수가 있을 것 같지만 실상은 그렇지 않았다. 그린레이크에 그린레이크는 없었다. 빙하 둔덕까지 다녀온 포터 셋도 그린레이크를 찾지 못했다. 어딘가에 빙하 녹은 물이 모인 작은 호수가 있을 것 같은데, 지금은 온통 하얀 눈밭뿐이었다. 계절에 따라 있기도 하고 없기도 한 것 같았다. 눈이 없는 여름이라면 볼 수 있을지도 모르겠다.

그린레이크는 칸첸중가 동쪽의 베이스캠프다. 1955년 찰스 에반스가 이끄는 영국 등반대가 얄룽계곡(Yarlung Valley)에서 정상 등정을 시도했다. 남서벽으로 오른 이들은 정상에 도착했지만 걸음을 멈췄다. 1977년 인도의 쿠마르 대령, 1979년 영국의 탐험가 스코트 역시 정상 직전에 멈췄다. 신성한 산을 함부로 밟아서는 안 된다는 시킴인의 뜻을 존중하기 위해서였다. 하지만 이후에 등반한 이들은 차례차례 정상을 밟았다. 마지막 원정대는 2000년도에 다녀간 오스트리아군과 인도군이었다. 이제는 누구도 동쪽 베이스캠프에서 칸첸중가를 오를 수 없다. 시킴 자치정부가 더는 등반을 허가하지 않기 때문이다.

어디를 봐도 하얀 눈뿐이라 눈이 부셨다. 참으로 고맙고 기분 좋은 날이다. 이런 날 기념사진을 놓칠 수 없었다. 에디와 포터들과 함께 사진을 찍었다. 마침 우리의 재킷 색깔도 노랑, 빨강, 민트라 잘 어울렸다. 이보다 좋을 수 없었다.

눈표범의 발자국

모습을 드러낸 칸첸중가

그린레이크에서 함께하며

하산하는 날 아침. 다시 구름으로 가득했다. 칸첸중가는 결정적인 순간, 단 하루만 모습을 보여주었다. 그 하루를 제대로 맞춰 갔으니 신기한 일이다. 허가가 까다로운 곳이라 다시 오기도 쉽지 않은데, 정말 귀한 행운이었다.

20분쯤 내려갔을 때 야북으로 돌아갔던 포터들을 만났다. 에디는 포터들과 하이파이브를 했고, 나는 '나마스테'하고 네팔 인사를 했다. '내 안의 신이 당신 안의 신께 경배합니다'라는 뜻이다. 진심으로 그들 모두에게 경배하고 싶었다. 선하고 낙천적인 사람들과의 여정에 감사했다.

야북에서 포터들의 이름과 나이를 물었다. 그리고 에디에게 부탁해 그들의 이름을 네팔어와 영어로 적었다. 포터들의 평균 나이 34세. 가장 어린 친구가 19살. 가장 나이 많은 사람이 47살이었다. 에디가 적어준 이름을 그대로 따라 적었다. 네팔어를 제대로 쓴 게 맞는지 그에게 확인받으며 몇 번을 더 연습했다. 그들에게 줄 팁 봉투에 네팔어로 이름을 적기 위해서였다. 네팔, 파키스탄, 라다크. 여기 시킴에서도 그랬다. 내가 그들에 대한 고마움을 표현하는 방식이었다.

이참에 17명의 이름을 전부 외워보기로 했다. 이름 옆에 특징을 적고 얼굴과 매치시키니 금방 외워졌다. 오후에는 모든 포터의 이름을 외워서 한 번씩 불러주었다. 불 가에 같이 앉아 이야기도 나눴다. 에디는 나에게 네팔의 따망족을 닮았다 했다. 그러자 옆에 앉아 있던 따망족 친구가 격하게 동의했다. 네팔 오지에서 오랫동안 걸을 때는 종종 네팔인으로 오해받기도 했다. 현지 군인이나 경찰도 나를 네팔인으로 볼 때가 있었다. 중국인으로 오해받을 때는 기분이 별로인데, 네팔인으로 오해받으면 희한하게 기분이 좋았다.

저녁에 에디와 주방 보조 체왕이 핫팩을 가져다주었다. 그들은 내가 텐트에서 나올 때까지 "따또빠니~ 따또빠니(뜨거운 물)~" 하고 노래를 불렀다. 그 소리에 절로 미소가 지어졌다. 귀여운 친구들이다.

히말라야 트레킹을 하면서 이렇게 여유가 넘쳤던 적이 있었던가. 탈렘까지 3시간 반밖에 걸리지 않았다. 포터들이 양지바른 곳에서 볕을 쬐는 동안 S님은 옆에서 턱걸이를 몇 번이나 했다. 50대인데도 암·빙벽을 하는 분이라 팔 힘이 대단했다. 포터들과 겨룬 팔씨름에서도 그들 대부분을 이겼다. 포터들끼리의 팔씨름에서는 가장 어린 친구가 모두를 이겼다.

요리 팀 수실은 유독 잘 웃고, 멋 부리고, 음악을 좋아하는 친구였다. 우리는 그런 그에게 '날라리'라는 애칭을 붙여주었다. 수실을 좋아하는 J님은 그가 보이기만 해도 "날라리" 하고 불렀다. 그때마다 수실은 수줍게 웃었다.

며칠 사이에 골짜기 풍경이 달라졌다. 색이 짙어지고 드문드문 단풍도 보였다. 너무 빨리 하산했는지 트럭이 올 때까지 오래 기다려야 했다. 그런데도 라첸에 도착한 시간이 오전 10시였다. J님과 S님은 이날을 기다렸다는 듯 뒤풀이부터 준비했다. 우리는 짐도 풀지 않고 곧장 뒤풀이에 돌입했다. 모모와 치킨을 시켜 놓고 맥주로 입가심했다. 인도의 맥주는 대부분 8도여서 한 병만 마셔도 알딸딸했다. 나는 얼마 마시지 못하고 일찍 잠들었다. J님과 S님의 뒤풀이는 포터들과 함께 저녁까지 신 나게 이어진듯 했다. 옆에서 구경이라도 해야 했는데 그러지 못해 무척 아쉬웠다.

포터들과 불을 쬐며

함께 한 포터들

트럭에 타는 포터들

포터들의 이름을 적은 팁 봉투

시킴 북부는 나가는 길도 만만치 않았다. 길이 끊겨 군부대를 지나야 하는데 우리가 외국인이라 복잡했다. 고팔 사장이 갱톡에서 군 본부와 얘기하는 중이었지만, 얼마나 기다려야 할지 몰랐다. 검문소의 군인들은 여기저기 연락하더니 에디가 꺼내 놓은 서류를 확인했다. 옆에서 슬쩍 보니 서류가 상당했다. 우리 일행은 물론 가이드와 포터들 사진까지 붙어 있었다. 수수료도 꽤 됐다. 고팔 사장이 이곳을 '어렵고 비싼 곳'이라 하더니 정말 그랬다. 문득 트레킹을 준비하며 여행사에 보냈던 서류가 생각났다. 여행자 보험증서에 건강진단서까지 보냈으니 말이다. 우리는 4시간을 기다려서야 군부대를 통과할 수 있었다. 규모가 큰 부대여서 차로 지나는 데도 한참 걸렸다.

갱톡에서 보내는 마지막 날. 고팔 사장에게 저녁을 초대받았다. 그의 집은 깨끗하고 넓었다. 진열장에는 온갖 종류의 술이 있었다. 그는 맘껏 고르라 했다. 그가 보여준 준 방 하나에는 등산 장비들이 천장까지 쌓여 있었다. 전혀 환기되지 않는 방이라 퀴퀴한 냄새가 진동했다. 텐트에 곰팡내가 심한 이유가 있었다. 고팔 사장은 위스키 종류만 4병을 꺼냈다. 하산하는 날부터 체내 알코올 농도를 높여 온 J님과 S님은 결국 호텔에 돌아와 장렬히 전사했다. 그리곤 다음날 새벽에 거뜬히(?) 일어나 공항으로 떠났다.

사실 그들의 음주 행적은 떠나는 날까지 대단했다. 여행 첫날부터 하루에 양주 한 병씩 해치우는 기염을 토했다. 라다크의 시작과 크게 다르지 않았다. 아니 오히려 더했다. 그런데도 나는 그들이 불편하지 않았다. 같은 상황인데도 그 상황을 바라보는 나의 태도는 달랐다.

J님과 S님은 나를 정중하게 대해주었다. 불편한 게 한둘이 아니었을 텐데도 불평불만 하지 않았다. J님은 내가 어떤 선택을 해도 존중하고 따라주었다. S님은 모 산악회의 등반대장이지만 나서거나 간섭하지 않았다. 부족

288

하고 미숙한 나를 탓하지 않았다. 그런 사람들에게 잘하고 싶은 마음이 드는 건 당연한 일이었다. 돌아가기 전날 그들은 내게 남은 트레킹을 잘 하라며 용돈을 챙겨주었다. 거기에 랜턴 등 필요한 장비와 남은 부식까지. 순간 머리가 띵했다. 전혀 예상하지 못한 일이었다.

여행은 이왕이면 내가 조금 더 배려할 수 있는 사람들과 함께하는 게 좋겠다. 나의 수고가 억울하지 않고, 감당할 수 있는 사람들. 함께해서 즐겁고 고마운 사람들. 여행은 내가 어떤 마음을 내느냐에 따라 지옥이 되기도 천국이 되기도 했다.

Chapter 4 시킴 서부

네팔과 시킴에 걸쳐 있는 칸첸중가는 이름이 여러 개다. 킨친중가, 쿰부카란룽그르, 칸찬판가. 원주민인 렙차족은 오랫동안 '킹쫌짱보초'로 불렀다. '상서롭게 빛나는 이마'라는 뜻이다. 칸첸중가는 히말라야 14좌 중 유일하게 불교문화와 관련이 있다. 현재의 칸첸중가는 시킴 왕국이 탄생하면서 티베트어를 가져다가 개명한 이름이다. 눈을 의미하는 칸, 크다의 첸, 보고(寶庫)의 주, 다섯의 은가. 즉 '다섯 개의 위대한 눈의 보고'라는 말이다. 5개의 보고는 칸첸중가의 5개 봉우리로 각각 금, 은, 보석, 경전, 곡식을 뜻한다.

시킴 서부는 칸첸중가 국립공원의 종그리탑(Dzongri Top 4170미터)과 고에차라 뷰포인트(Goecha La View Point 4500미터) 코스가 유명하다. 고에차라 안쪽에 칸첸중가 남쪽 베이스캠프가 있지만, 현재는 등반이 불가하다. 신의 영역이라 하여 시킴 자치정부가 허가를 내주지 않는다. 종그리탑에서는 칸첸중가의 주봉 · 중봉 · 남봉을 볼 수 있고, 고에차라에서는 남면을 정면에서 볼 수 있다.

트레킹이 시작되는 육솜(Yuksom 1780미터)은 작고 조용한 마을이다. 여행자들을 위한 시설이 잘돼 있고, 다른 지역 히말라야보다 음식이 깔끔

한 편이다. 칸첸중가 국립공원은 2016년 유네스코 세계문화유산으로 등재되어 공원 내 거주를 금한다. 모든 코스에서 야영이 원칙이지만 일부 구간에 약간의 대피소가 있다. 고에차라까지는 약 5~6일 정도의 야영이 필요하다. 풍경은 종그리탑과 종그리에서 고에차라 가는 길이 가장 좋다. 특히 종그리탑의 일출은 몇 번이고 추천할 만큼 황홀하다.

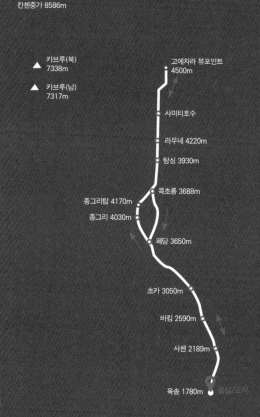

칸첸중가 8586m

카브루(북) 7338m

카브루(남) 7317m

고에차라 뷰포인트 4500m

사미티호수

라무네 4220m

탕싱 3930m

콕초롱 3688m

종그리탑 4170m

종그리 4030m

페당 3650m

초카 3050m

바킴 2590m

사첸 2189m

육솜 1780m 출발/도착

이동경로 육솜-초카-종그리-종그리탑-라무네-고에차라 뷰포인트-콕초롱-페당-육솜

15　새
　　로
　　운

　　시
　　간

　　새벽에 J님과 S님을 보내고 느긋하게 출발 준비를 했다. 막 호텔을 나
서려는데 고팔 사장으로부터 가이드를 교체한다는 연락이 왔다. 부랴
부랴 여행사에 들렀다. 갑자기 에디에게 급한 집안일이 생겼다며, 육솜
(Yuksom 1780미터)에 도착하면 새로운 가이드가 있을 거란다. 에디와는
20일이나 같이 다녔는데 인사도 못 하고 끝나서 섭섭했다.

　　차에 필요한 장비를 싣고 포장도로와 비포장도로를 번갈아 달렸다. 표
고 차가 큰 시킴은 어디를 가나 산악지대라 속도가 나지 않았다. 갱톡에서
11시에 출발해 육솜에 4시에 도착했다. 육솜만 해도 설악산 대청봉(1708
미터)보다 높았다. 도착하자마자 새로운 가이드인 소남을 만났다. 소남은
이곳 말로 '행운'이라는 뜻인데 과연 나에게도 행운일까? 함께 하게 될 요
리 팀은 그대로였다. 순하고 선한 요리사 우메스, 야무지게 일 잘하는 체
왕, 귀여운 날라리 수실, 47살 싱글 아저씨 아싱까지. 여기에 짐을 나르게
될 좁교(Zhopkyo, 야크와 물소의 교배종) 두 마리와 그들의 주인도 같이
했다.

　　호텔 방에서 짐을 정리하는 동안 소남이 찾아왔다. 그의 얼굴이 익지 않

아 처음에는 호텔 직원인 줄 알았다. 그는 내일 일정을 설명하기 전에 이름부터 물었다. 나는 이름 대신 '디디'라고 했다. 그러자 소남은 씩 웃으며 자기는 '바이(네팔어로 손아래 남자, 남동생이라는 뜻)'라 했다. 그는 내게 아주 기초적인 것부터 설명했다. 나는 그에게 내가 파키스탄과 라다크를 거쳐 5개월째 걷고 있음을 알려주었다. 굳이 그런 설명을 하지 않아도 된다는 뜻이었다.

저녁은 호텔에서 혼자 먹었다. 만만한 게 달밧이라 주문했는데 음식이 너무 잘 나와서 놀랐다. 맛은 또 어찌나 좋은지 먹는 내내 행복했다. 내가 다녀본 히말라야 중에선 가장 맛있었다. 직원들의 매너도 훌륭했다.

아침에 호텔 로비에서 소남을 기다렸다. 그런데 그가 나타났을 때 얼른 알아보지 못했다. 복장만 바뀌었을 뿐인데도 다른 사람 같았다. 7시간 동안 고도를 1200미터나 올려야 한다면서, 정작 출발한 건 9시 반이 되어서였다. 우린 말 없이 걷기만 했다. 먼저 침묵을 깬 건 소남이었다. 그는 내게 결혼을 했는지부터 물었다. 싱글이라고 하자 그도 싱글이라 했다. 이곳에서 29살이면 늦은 나이였다. 그러고 보니 소남과 동갑인 에디도 결혼하지 않았다. 시킴도 점점 결혼이 늦어지는 듯했다.

11월인데도 꽤 더웠다. 계속되는 오르막에 땀이 걷잡을 수 없이 흘렀다. 머리부터 시작된 땀이 등을 타고 종아리까지 내려갔다. 몸에 이상이 있나 싶은 정도로 땀이 흘러 난감했다. 양팔과 바지까지 걷어 올리고 걸었지만 역부족이었다. 반면 소남은 반소매에 반바지로 시원한 차림이었다. 이렇게 더울지 미처 몰랐다. 예상했다 한들 마땅한 옷이 있는 것도 아니었지만.

짐을 잔뜩 지고 걷던 좁교가 혀를 개처럼 내밀고 헉헉댔다. 느릿느릿 큰 덩치를 움직이는 모습이 너무 안쓰러웠다. 좁교는 인간의 필요로 인위적으로 만들어진 동물이다. 오로지 일을 위해 태어났다. 야크는 4000미터 아래 저지대에는 내려오지 않는다. 풍성한 털과 심폐기능이 고지대에 최적화되어 위험할 수 있어서다. 사람들은 저지대에서도 부려 먹을 가축이 필요했다. 그들은 성격을 순하게 만들기 위해 암컷 물소를 산으로 데려가 야크와 교배시켰다. 이렇게 태어난 좁교는 야크처럼 적게 먹고 물소보다 힘이 세다. 더운 저지대에 적응하면서 고지대 추위에도 강했다. 하지만 이종교배라 스스로 번식할 수 없다. 그게 좁교의 운명이었다.

아는 네팔어를 몇 마디 했더니 소남이 흥미로워했다. 그는 걷는 동안 틈틈이 네팔어를 알려주었다. 나는 소남이 알려준 네팔어를 메모장에 적어두고 하루에 한 번씩 써먹었다. 그가 알려준 네팔어는 네팔에서 배운 것과 다른 것도 있었는데, 지역에 따라 조금씩 다르다고 했다. 어쨌거나 그는 꽤 괜찮은 선생님이었다.

보통 고산 적응을 위해 첫날 야영은 사첸(Sachen 2189미터)에서 한다. 그럴 필요가 없는 나는 점심만 먹고 바로 출발했다. 폭풍 같은 땀이 흘렀지만 컨디션이 좋아 오르막에서도 속도를 줄이지 않았다. 오히려 보조를 맞추며 걷는 소남이 헉헉댔다. 소남은 내게 잘 걷는다는 말을 여러 번 했다. 라다크에서는 그리 힘들더니 시킴에서는 날아갈 듯했다. 숲이 울창해 산소가 많아서였는지도 모르겠다.

성수기라 초카(Tshoka 3050미터)에는 알록달록한 텐트가 많았다. 비가 내려 야영이 내키지 않았는데 마침 대피소에 빈방이 있었다. 침대 4개가 나란히 붙어 있는 방을 혼자 쓰는 데도 100루피가 전부였다. 더러운 매트리스를 한쪽으로 치우고 내 매트리스와 침낭을 깔았다. 옷을 갈아입고 천장에 빨랫줄을 달아 땀에 젖은 옷을 널었다. 그것만으로도 행복해서 허름한 대피소 안이 아늑하게 느껴졌다.

스태프들이 간식과 차를 가져왔다. 저녁에는 몇 번에 걸쳐 음식이 나왔다. 그러는 동안 내일 일정을 물으니, 소남이 자기가 브리핑하겠다며 다른 친구의 입을 막았다. 자기 역할을 빼앗기지 않겠다는 의지였다. 혼자 먹는 저녁이 생각보다 푸짐해서 만족스러웠다. 우메스에게 저녁은 무조건 달밧이라 했더니 반찬을 조금씩 다르게 내왔다. 좋아하는 어짜르(네팔식 장아찌)도 잊지 않고 챙겨줬다. 그들의 정성이 고마워 되도록 남기지 않고 먹었다. 그럴수록 더 많은 음식이 나와 사육당하는 기분이 들기도 했지만 기꺼이 받았다.

낮에는 덥다가도 밤만 되면 썰렁했다. 요리 팀은 후식으로 준비된 사과와 바나나를 데워왔다. 저녁마다 뜨거운 물을 넣은 핫팩도 잊지 않았다. 그들이 모두 돌아가자 그제야 소남의 브리핑이 이어졌다. 그는 내일 몇 시에 식사하고, 몇 시에 출발하는지 꼼꼼히 알려주었다. 나는 소남에게 앞으로 아침 세숫물과 차를 준비하지 말라 했다.

침낭 속에서 일기를 쓰는데 괜히 실실 웃음이 났다. 5명의 스태프가 오로지 나에게 집중하는 상황이 좋았다. 이런 게 대접받는 기분일까. 네팔에서 혼자 10명이 넘는 스태프와 다녔어도 이런 극진함은 처음이었다. 판자로 된 벽으로 옆방의 담배 연기와 목소리가 그대로 전해졌지만, 그래도 좋았다. 비를 피할 수 있는 건물에서 이 정도면 쾌적한 잠자리였다.

혀를 내밀고 헉헉대는 좁교

대피소의 잠자리와 저녁 식사

시작은 맑았는데 올라갈수록 안개가 가득했다. 오래된 숲에선 가을 냄새가 물씬 풍겼다. 소남에게 이곳의 성수기를 물었다. 그는 랄리구라스가 피는 봄을 이야기했다. 하지만 그때는 비가 자주 내린단다. 가을 성수기에도 비가 내리는 걸 보면 뻔했다. 칸첸중가 너머의 네팔은 지금이 가장 쾌청할 때다. 구름이 칸첸중가를 넘지 못하고 시킴에 비를 뿌려서다. 아무리 구름이라도 히말라야는 어쩔 수 없는 모양이다.

짧은 거리에 비해 경사가 상당했다. 헉헉대며 언덕에 올라섰다. 요리 팀은 말 그대로 대(大)자로 누워버렸다. 이틀 동안 무려 2200미터의 고도를 올렸으니 그럴 만도 했다. 고소 적응이 되지 않은 상태라면 하루 일정을 추가해 천천히 올라가는 게 좋다. 숲이 우거진 곳이라도 고산은 고산이니까.

종그리(Dzongri 4030미터)가 가까워지자 눈발이 날렸다. 요리 팀은 종그리 산장의 주방 공간을 빌렸다. 그들은 그곳에서 음식을 하고 잠도 잤다. 매번 짐이 늦는 통에 나는 산장 난롯가에 앉아 젖은 옷을 말렸다. 사우니(여자 주인)를 '디디'로 부르며 점심도 그곳에서 먹었다. 좁교는 2시간이 지나서야 도착했다. 그새 주인도 바뀌었다. 좁교 한 마리가 독초를 먹고 죽는 바람에 교체하느라 늦었단다. 소 한 마리가 큰 재산일 텐데 안타까웠다.

눈이 제법 쏟아졌다. 난롯가에 앉아 따뜻한 똥바를 마셨다. 소남에게 네팔어로 이름을 적어달라 했더니, 놀랍게도 그는 자기 이름을 쓸 줄 몰랐다. 소남은 네팔인이 아니라 시킴인이었다. 그는 자신이 아는 긴 영어뿐이라 힌디어도 쓸 줄 모른다고 했다. 다민족 국가인 인도에서는 당연한 일일 텐데, 내게는 상당한 문화충격이었다.

단벌의 소남은 항상 옷이 깨끗했다. 내가 땀을 뻘뻘 흘리며 걷는 동안에도 거의 땀을 흘리지 않았다. 생김새는 아무리 봐도 한국인과 판박이였다. 우리나라 사람들은 유독 티베트 불교 문화권 사람들과 닮았다. 우리와 비슷하게 생긴 네팔의 셰르파족만 보더라도 티베트에서 넘어온 사람들이다. 라다크와 시킴, 부탄 사람들은 말을 하지 않으면 모를 정도로 우리와 비슷했다. 히말라야에 유독 정감이 가는 이유가 그래서인지도 모르겠다.

사흘이 지나도록 소남의 얼굴이 익지 않았다. 사무적이고 조금은 딱딱한 말투. 대부분 무표정한 얼굴. 그의 말이나 행동은 차가운 인상을 주었지만, 가이드로서 흠잡을 데 없었다. 소남은 어린 나이임에도 어른 같은 면이 있었다. 다른 스태프들에게 휘둘리지 않았다. 자기중심이 확실했고, 매번 시간을 정확히 지켰다. 그는 그림자 같은 가이드였다. 내가 빨리 걸으면 같이 속도를 올리고, 천천히 걸으면 보폭에 맞췄다. 사진을 찍기 위해 멈추면 귀신같이 알아차리고 기다렸다. 보통 젊은 가이드들은 걸음이 빨라지는데 소남은 완벽하게 보조를 맞췄다. 이 당연한 것들이 나에게는 매우 인상 깊었다. 저녁을 먹고 나자 소남이 텐트까지 데려다주었다. 이 친구가 갑자기 왜 이러나 싶었지만, 굳이 거절하지 않았다.

출발을 기다리는 소남

초카의 아침

시킴 서부의 가을

난롯가에 앉아 똥바 한 잔

소남은 정확히 새벽 4시 반에 나왔다. 그가 "디디"하고 불렀는데도 나는 얼른 대답하지 못했다. 그러자 그가 "소남"하고 자신을 확인시켜주었다. 바깥을 내다보니 구름이 끼어 별이 보이지 않았다. 굳이 종그리탑(Dzongri Top 4170미터)까지 올라갈 필요가 있을까 싶었지만, 어차피 오늘 일정은 이게 다였다. 우메스가 차를 준비하겠다는 걸 사양했다. 그의 새벽을 깨우고 싶지 않았다.

우리가 첫 출발이었다. 10분쯤 올라가자 그제야 불빛이 따라오는 게 보였다. 다른 사람들도 구름 때문에 망설였던 모양이다. 올라갈수록 구름이 발아래로 깔렸다. 이윽고 종그리탑에 도착했을 때 나도 모르게 감탄이 터졌다.

"세상에나!"

그저 히말라야의 한 곳을 걷는다 생각했다. 내가 무엇을 보게 될지 전혀 기대하지 않았다. 흔히 보던 히말라야겠거니 했다. 하지만 그린레이크가 그랬던 것처럼 종그리탑도 나의 예상을 뛰어넘었다. 병풍을 펼쳐놓은 것처럼 하얀 설산이 눈앞에 있었다. 눈이 뜨거워지고 침이 꼴깍 넘어갔다. 하얀 산을 바라보며 입을 다물지 못했다. 숨겨둔 행운을 전부 꺼내 쓴 듯했다. 이 얼마나 아름답고 황홀한 풍경인가.

1시간 동안 날이 밝기를 기다렸다. 그새 많은 사람이 올라왔다. 서서히 밝아오는 동쪽 하늘과 무겁게 깔린 구름. 황금빛으로 물드는 칸첸중가. 그동안의 고생을 모두 보상받은 것 같은 아침이었다. 그리고 언젠가 꼭 다시 오고 싶었다. 고맙고 소중한 사람들과 함께.

올라가고 내려가는 시간은 다 해도 1시간이 넘지 않았다. 다른 팀들은 곧바로 다음 구간으로 넘어갔다. 소남은 내가 빨리 걷는다며 일정 단축을 제안했다. 마지막 하루를 육솜에서 야영하고, 근처 곰파와 호수를 둘러보는 일정이었다. 육솜에 똥바와 뗀뚝을 잘하는 집이 있다는 말에 흔쾌히 그러자 했다. 일정이 너무 여유로워 심심하던 차였다.

오후에는 똥바를 시켜 놓고 내내 난롯가에 있었다. 난로 옆에서는 다른 팀의 요리사가 티베트식 만두인 모모를 만드는 중이었다. 나는 그의 현란한 칼솜씨를 넋 놓고 바라보았다.

"람므러 처(멋있어요)!"

나의 칭찬에 요리사는 수줍게 웃더니 나중에 모모 몇 개를 챙겨주었다. 문득 갱톡의 티베트 식당에서 먹었던 소고기 뗀뚝이 생각났다. 우메스에게 '데레이 삐로 뗀뚝(아주 매운 수제비)'을 부탁했다. 그가 가져온 뗀뚝에 뜨거운 물을 더 부었다. 그리고 J님이 주신 김을 뿌렸더니 아주 그럴싸했다. 맛있는 음식은 멋진 풍경만큼이나 행복하게 했다.

독일인 2명이 들어오더니 똥바를 주문했다. 그들의 이야기를 들어보니 히말라야에 제법 다닌 듯했다. 그래서 GHT(Great Himalaya Trail)를 아는지 물었다. 그게 시작이었다. 똥바도 마셨겠다, 관심을 보이는 그들에게 히말라야에 다닌 이야기를 풀었다.

네팔과 파키스탄 히말라야 횡단을 마친 후 지금은 인도 히말라야를 하는 중이고, 내년에는 인도와 부탄에서 횡단을 마무리한다고. 이야기를 유심히 듣던 인도 여자가 이것저것 물어왔다. 특히 비용을 궁금해했다. 그간 히말라야에서 쓴 금액을 알려줬더니 눈을 동그랗게 떴다. 후원자가 있느냐는 질문에 직접 벌었다고 하자 눈을 더 크게 떴다. 독일 팀 가이드는 나

에게 존경한다며 엄지를 치켜세웠다. 어느새 소남도 와서 듣고 있었다. 그
는 내가 히말라야에 얼마나 다녔는지 모르고 있었다.

종그리탑에서 바라본 칸첸중가

종그리탑에 오른 사람들

모
든

순
간
이

좋
았
다

서리가 잔뜩 내린 아침. 날씨가 맑았다. 당초 계획상 이틀이었던 거리를 하루만에 가기로 했다. 출발 준비를 끝내고 소남을 기다리는데, 독일 팀 가이드가 알은체했다. 그는 나에게 두 번이나 허리를 숙여 인사했다. 나도 덩달아 허리를 숙여 같이 인사했다. 기분이 묘했다.

소남이 양말을 놓고 왔다며 왔던 길을 되돌아갔다. 그동안 그가 나를 기다려줬으니 이번에는 내가 기다려줄 차례다. 누군가 자신을 기다리지 않는다고 탓할 것도 없다. 같이 가고 싶은 사람이라면, 먼저 가라 해도 기다리게 되어 있다. 나는 그를 기다리고 싶었다.

언덕에 올라서자 눈 덮인 하얀 산이 나타났다. 기대하지 않았더니 히말리야는 오히려 더 멋진 모습을 보여주었다. 사진을 잘 찍지 않는 나도 이곳에서는 거부할 수 없었다. 소남의 사진도 찍어주었다. 10대 때부터 히말라야를 다녔다는 소남은 얼마나 다녔는지 셀 수조차 없다고 했다. 아무리 그래도 남의 사진만 숱하게 찍어주었을 테니, 정작 자기 사진은 없을지도 모른다. 뒤이어 도착한 요리 팀의 사진도 찍어주었다. 그들은 시키지도 않았는데 바닥에 누워 알아서 자세를 취했다.

종그리탑에서 출발하며

함께한 스태프들

이번 여정에서 가장 아름다운 길은 종그리에서 탕싱(Thangshing 3930 미터)으로 가는 길이었다. 붉게 물든 나무들과 사시사철 푸른 랄리구라스가 설산과 잘 어우러졌다. 생기롭고 다채로웠다. 탕싱에서는 날씨가 좋아 바깥에서 점심을 먹었다. 아름다운 산을 마주하며 먹는 음식은 무엇이라도 괜찮았다. 그러고 보면 나는 참 운이 좋은 사람이다. 히말라야에 올 때마다 매번 이렇게 멋진 풍경을 만나니 이런 축복도 없다.

구름은 하루도 빠지지 않고 몰려왔다. 라무네(Lamune 4220미터)에 도착했을 때는 꽤 추웠다. 매번 좁교가 늦게 도착해 이번에는 아예 마른 옷을 챙겨왔다. 나는 일 년의 절반 가까이를 히말라야에서 보내면서도 추위에 약한 편이다. 땀이 많아 얼른 마른 옷으로 갈아입지 않으면 체온이 떨어진다. 나의 체질과 체형은 히말라야를 걷기에 그다지 좋은 조건이 아니다. 약간의 체력과 강한 의지만 믿고 다닌다. 마음이 가는 곳에 몸이 가는 형국이다. 바깥에서 기다리는데 소남이 따뜻한 물을 가져왔다. 그러고는 대피소 주방에 자리를 만들어 주었다. 이곳 토박이인 그는 모르는 사람이 없었다. 만나는 사람마다 인사를 나누었다.

좁교는 이번에도 2시간 뒤에 나타났다. 한 마리는 도착하자마자 바닥에 풀썩 주저앉았다. 그리곤 혀를 내밀고 헉헉댔다. 기다리느라 한참을 떨고 있었지만, 그 모습에 아무런 말도 할 수 없었다. 내가 몹시 추워하자 소남이 얼른 텐트를 쳤다. 만빈의 준비를 해도 이렇게 짐이 늦으면 속수무책일 수밖에 없었다.

텐트에서 꼼지락거리는데 소남과 체왕이 간식을 가져왔다. 소남은 내일 새벽 3시 반에 출발할 것이라 했다. 어두울 때 걷는 것을 좋아하지 않아 고민이 되었다. 그에게 30분만 늦추자 했다. 일출에 관심이 없어 칸첸중가만 볼 생각이었다.

탕싱에서 소남

라무네 대피소

밤새 시끄럽게 굴던 인도인들은 새벽 2시 반에 출발했다. 그들의 부산스러움에 덩달아 잠이 깼다. 너무 추워 침낭에서 나오고 싶지 않았다. 내복에, 겨울 바지에, 방수 바지까지 껴입었다. 소남도 잔뜩 껴입고 나왔다. 아무것도 보이지 않는 어둠. 멀리 인도인들의 랜턴 불빛이 보였다. 소남의 뒤를 따라 걸으면서도 아무 생각이 없었다. 여기까지 왔으니 칸첸중가는 봐야 할 것 같고, 그냥 내려가면 아쉬울 것 같았다.

고에차라에는 이미 많은 사람이 있었다. 모두 인도인이었다. 그들은 온갖 자세로 사진을 찍었다. 액션 캠을 켜놓고 영상을 찍는 사람도 있었다. 소남은 우리가 시간 맞춰 잘 도착했다며, 당연한 의무라도 되는 양 사진을 찍어주었다. 칸첸중가가 황금빛으로 물들자 사람들의 탄성이 들렸다. 어느새 주변 봉우리까지 환하게 빛났다. 안타깝게도 여기서는 칸첸중가의 다섯 봉우리를 모두 볼 수 없었다. 그저 우뚝 솟은 칸첸중가 남봉만이 고운 자태를 보여 줄 뿐이었다. 그나마도 반쪽의 산이지만, 신성한 산을 가까이에서 볼 수 있는 것만으로도 벅찼다.

하산하는 길에 사미티(Samiti)호수에서도 하얗게 빛나는 설산을 만났다. 쭈그리고 앉아 최대한 몸을 낮추고 호수를 들여다보았다. 시킴은 북쪽에 이어 서쪽에서도 모든 것을 보여주었다. 나는 넘치도록 만족스러웠다.

요리 팀이 서둘러서 내려가더니 콕초롱(Kockchorong 3688미터)에 좋은 자리를 잡았다. 오랜만에 날씨가 좋아 미리 챙겨온 빨래를 꺼내 계곡으로 향했다. 기분 좋은 날씨에 바람까지 솔솔 불어 빨래가 잘 말랐다. 그래도 더 잘 마르도록 한 번씩 뒤집거나 위치를 바꾸었다. 쓸데없는 일이지만, 할 일이 없을 때 이만한 소일거리도 없었다.

콕초롱과 페당(Phedang 3650미터) 사이에는 지름길이 있었다. 그런데 길이 좁아 좁교처럼 덩치 큰 동물은 지날 수가 없었다. 녀석들은 지난번에 왔던 길로 돌아가야 했다. 평소보다 더 늦게 도착할 게 뻔했다. 내려가서 필요한 것들을 배낭에 넣었더니 묵직했다. 그래도 하염없이 기다리는 것보다 나았다. 하산 길인 데다 짐까지 줄자 다들 속도가 났다. 젊은 체왕과 수실은 날아갔고, 덜 젊은 우메스는 뛰어갔다. 가장 나이 많은 아싱은 걸었지만, 그도 금세 사라졌다. 소남도 다른 때보다 빠르게 걷는 듯했다. 그에게 내 배낭을 가리키며 "거룽 처"라고 했다. 무겁다는 뜻이었다. 소남이 속도를 늦추자 이번에는 너무 느렸다. 그래서 "우깔로 비스타리, 우랄로 치토(오르막 천천히, 내리막 빨리)" 했더니 다시 원래 속도로 돌아왔다.

시킴에는 트레킹 할 수 있는 곳이 많지 않다. 대부분 종그리-고에차라 트레킹이나 다즐링 쪽에서 산닥푸 트레킹을 한다. 소남은 이번 일이 끝나면 곧바로 12일짜리 트레킹을 맡게 될 예정이라 했다. 매번 같은 곳을 가면 지겨울 법도 한데, 그는 자신의 직업이 그럭저럭 마음에 든다고 했다. 1년에 가이드로 일할 수 있는 시간은 길어야 3개월. 그렇지 않은 때는 어머니의 농사일을 도우며 지내는 듯했다.

초카에서 가장 높은 곳에 텐트를 쳤다. 혼자 조용히 시간을 보낼 수 있는 곳이었다. 이제 하루면 시킴 히말라야 트레킹도 끝난다. 기대 없이 걱정만 많았던 시킴이었는데, 오히려 어느 곳보다 좋았다. 이렇게 끝나는 게 아쉬울 정도로 모든 순간이 좋았다.

가이드 역할에 충실한 소남. 내 식성을 파악해 좋아하는 음식을 만들어준 우메스. 아침마다 생강차를 끓여준 체왕. 저녁이면 따뜻한 핫팩을 챙겨준 수실. 그간 히말라야에서 만난 스태프의 대부분이 좋았지만, 내겐 이번 팀이 가장 특별했다. 순박하고 따뜻한 사람들. 그들과 함께라면 자존감이 낮거나 우울한 사람도 치유가 될 듯했다.

황금빛으로 빛나는 칸첸중가

사미티호수 안의 설산

콕초롱에서 빨래를 하며

하산하면서 소남과 많은 이야기를 했다. 나는 그에게 꿈이 무엇인지 물었다. 소남은 잠시 생각하더니 세 가지를 말했다. 돈을 많이 벌어 나처럼 히말라야 트레킹을 하는 것. 좋은 가족을 만드는 것. 자신만의 여행사를 가지는 것. 그는 특히 네팔과 파키스탄 히말라야에 가고 싶어 했다.

소남에 따르면 한국인은 몇 가지 특징이 있었다. 잘 걷고, 잘 먹고, 술을 좋아한단다. 그는 내게도 잘 먹고 잘 걷는다는 말을 했다. 소남은 어제 내가 틀어 놓은 드라마 OST에 대해서도 말했다. 그 드라마를 알고 있고 음악이 너무 좋았다고. 한국 드라마와 영화를 즐겨본다며, 〈꽃보다 남자〉의 구준표에 관해 물었다. 요새 네팔과 시킴 쪽으로 한류 영향이 대단한 것 같았다.

그는 내게 왜 결혼하지 않았는지 물었다. 마흔이 넘게 결혼하지 않은 게 이상했던가 보다. 나는 혼자가 좋으며, 한국에는 결혼하지 않은 여자가 많다고 대답했다. 소남은 시킴의 집값이 너무 비싸 결혼 비용이 많이 든다며 하소연했다. 파키스탄 남자들도 결혼 지참금 때문에 힘들어한다고 들었는데, 다들 사는 게 비슷한 것 같다(소남은 2021년에 결혼했다).

육솜에서 야영할 곳은 소남의 사촌 누나 집이었다. 혹시 시원한 맥주를 구할 수 있는지 물었다. 소남은 누나에게 전화를 걸더니 맥주를 찬물에 담가 놓으라 했다. 괜히 미안했다. 당연히 냉장고가 있을 줄 알았다. 사촌 누나네 집은 하산지점에서 가까웠다. 먼저 도착한 요리 팀은 제집인 양 편안하게 있었다. 알고 보니 그들은 3개월간 이곳에 머물며 일하는 중이었다. 소남과 마찬가지로 내일이면 다시 트레킹에 나서야 할 정도로 바빴다.

우메스는 점심으로 감자튀김과 달걀튀김, 군만두를 만들었다. 맥주를 마실 때마다 감자튀김을 부탁했더니 알아서 준비했다. 마지막 저녁은 할 수 있는 요리를 다 만든 듯했다. 그야말로 만찬이었다. 케이크에 달밧과 백숙까지 준비했다. 저녁을 먹고 나자 아싱이 똥바를 권했다. 우메스, 체왕, 수실도 함께 했다.

육솜에서 우메스가 준비한 점심

소남의 사촌 누나네 집 마당에서

소남의 사촌 누나네 부엌

마지막 날 아침. 나는 팁 봉투에 네팔어, 영어, 한국어로 스태프들의 이름을 적었다. 봉투 아래에는 한국어로 짧은 소감을 남겼다. 정말 즐겁고 고마웠다고. 그대들 덕분에 아프고 불편했던 마음이 비로소 편안해졌다고. 우메스, 아싱, 체왕, 수실. 그들에게 일일이 악수를 청했다.

육솜에는 유독 룽따(Lungta)가 많았다. 룽따는 경전이 적힌 한 폭의 긴 깃발이다. 티베트어로 '바람의 말'이라는 뜻이다. 룽따의 모습은 바람을 향해 앞발을 들고 선 말의 형상이다. 펄럭이는 깃발은 말의 갈기다. 이곳 사람들은 펄럭이는 깃발 소리를 바람이 경전을 읽는 것으로 여긴다. 진리가 바람을 타고 세상 곳곳으로 퍼져나가, 모든 중생이 해탈에 이르길 바라는 염원이 담겨 있다. 펄럭이는 룽따를 물끄러미 바라보는데 소남이 물었다. 시킴에 다시 올 거냐고. 나는 '아마도'라고 대답했다.

시킴에서 가장 오래된 둡디곰파(Dubdi Gompa)에 들렀다. 곰파의 마당에서 쉬는데 문득 108배가 하고 싶어졌다.

불교도는 아니지만, 산행이 끝나면 종종 산사에서 절을 하곤 했다. 내가 절을 하겠다고 하자 소남이 고개를 끄덕였다. 흘러내리는 바지를 추키며 한 땀 한 땀 수를 놓듯 절을 했다. 현지 여인 셋이 미소를 지으며 절하는 외국인을 바라보았다. 소남은 '옴 마니 반메 훔(불교 진언)'을 외며 곰파 주변을 세 바퀴 돌았다.

엎드려 절을 하며 지금까지 무사히 걸어왔음을 감사드렸다. 그리고 처음으로 한 가지 소원을 빌었다. 지난 여행지에서 만났던 사람들을 더는 미워하지 않게 해달라고. 사람을 미워하는 일은 좋아하는 일보다 괴로웠다. 누군가를 미워하는 일만큼 나를 아프게 하는 것도 없었다.

소남은 나를 친구의 식당으로 데려갔다. 식당은 작았지만 깨끗했다. 소고기 뚝파를 주문하면서 맥주도 시켰다. 그의 말대로 음식은 맛있고 맥주는 시원했다. 천천히 음식을 음미하며 마지막 일기를 써 내려갔다. 그리고 소남을 불러 팁을 주었다. 다른 스태프들처럼 봉투에 이름을 적고, 그 아래 우리말로 고마움을 전했다. 그가 나에게 말했던 세 가지 소원과 함께 그 소원이 이루어지길 바란다고. 다시 보자는 말 같은 건 적지 않았다.

"소남, 고마워. 너는 좋은 가이드야."

마지막으로 악수를 하고 나는 호텔로, 그는 집으로 돌아갔다.

육솜의 작은 식당에서 점심을 먹으며

에
필
로
그

시킴을 떠나는 날 새벽. 부슬부슬 비가 내렸다. 나를 태운 차는 구불구불한 길을 따라 안개 속을 달렸다. 현지 식당에서 어설픈 네팔어로 천연덕스럽게 음식을 주문하고 커피를 마셨다. 차 안에서 꾸벅꾸벅 졸다 보니 어느새 시킴을 벗어났다. 인도 출입국관리소에 들러 나간다는 확인을 받고, 네팔 출입국관리소에서 비자를 받았다.

네팔 바드라푸르 공항의 경찰은 설렁설렁 여권을 확인하더니 시시껄렁한 농담을 던졌다. 비행기 탑승 시간까지는 아직도 한참 남았다. 공항 의자에 카고백을 두고 밖으로 나갔다. 마침 매점이 있어 네팔 라면을 주문했다. 매운 고추를 잔뜩 넣어달라는 부탁과 함께.

웃음이 났다. 시킴과 헤어질 때는 그리 아쉽더니 이젠 네팔에 있다는 사실이 좋았다. 1년에 한 번은 와야 할 것 같은, 오랜만에 고향에 온 사람처럼, 곧 있으면 반가운 사람들을 만난다는 생각에 잔뜩 들떴다.

네팔은 서비스 일정이었다. 이미 네팔 히말라야의 많은 곳을 다닌 터라, 궁금함보다 우정 같은 기분의 여행이었다. 파키스탄과 북인도와 달리 네팔은 정해진 일정이 없었다. 어디로든 갈 수 있었기에 즐거운 고민을 했다.

그렇게 다시 한 달을 더 걸었다. 한 명의 포터 친구와 함께 안나푸르나 주변을 돌아다녔다. 파키스탄과 북인도에서 좋은 곳을 그리 봤어도 히말라야는 여전히 좋았다. 새로운 길은 언제나 옳았다.

 북인도 히말라야는 존재를 알아가는 시간이었다. 하찮음과 소중함은 한 끗 차이였다. 사람 때문에 괴롭고, 사람 때문에 슬프고, 사람 덕분에 즐거웠다. 아니라고 부정해도 결국 여행에서 남는 건 사람이었다. 풍경보다 사람이 오래 남는다는 것을 새삼 깨달았다. 여행의 기억은 그곳에서 만난 사람들에 대한 감정이기도 했다. 감정은 고스란히 이미지가 되어 기억되었다. 감정의 이미지를 어떻게 지징하느냐가 여행의 기억을 좌우했다.
 코로나 상황이 길어지면서 2년 동안 히말라야에 가지 못했다. 하지만 나는 여전히 히말라야에 있었다. 두 권의 책을 쓰며 히말라야를 다시 걸었다. 아프고 미안한 마음을 되새김질하며 고치고 또 고쳤다. 이제는 그곳에서 만난 누구도 미워하지 않는다. 그렇게 믿는다. 모두 좋은 시간이었다. 그렇게 생각한다. 그 시간이 있었기에 스스로 조금 더 성장할 수 있었음을 알고 있다.

이제 나에게는 더 남은 히말라야 이야기가 없다. 떠날 일만 남은 셈이다. 다 털어내고 가벼운 마음으로 다시 오라는 히말라야 신의 뜻이라 생각한다. 2년간 미뤄진 히말라야는 어떤 모습일지 기다리는 중이다. 이 책이 나올 무렵 히말라야로 떠날 예정이다. 다시 만날 히말라야에서는 따뜻한 마음이기를, 따뜻한 이야기를 들려드릴 수 있기를 바란다.

지켜봐 주신 모든 분께 고마움을 전한다. 어려운 상황에도 책이 나올 수 있게 힘써주신 책구름 출판사와의 인연에 감사드린다. 여기까지 읽어주실 미래의 독자분들께도 미리 고마움을 전한다.

끝으로 2021년 12월 31일 세상을 떠난 그리운 나의 엄마, 故 심상례님께 이 책을 바친다.

"내 엄마여서 고마워요, 엄마. 다시 태어나시거든, 나랑 다시 만나요. 그때는 내가 좀 더 잘할게요."

● 항공권 구입 요령 및 현지 여행사

한국에서 인도 델리까지 직항편이 일주일에 3번 있다(2022년 기준). 필자가 다녀온 북인도 히말라야 트레킹을 하려면 델리에서 해당 지역까지(레, 바그도그라) 국내선으로 한 번 더 이동해야 한다. 짐이 많다면 국제선과 국내선 모두 인도 국적기인 에어 인디아를 권한다. 위탁 수화물 기준이 양호한 편이고, 국제선과 국내선을 같이 예약할 시 국내선 할인 혜택이 있다. 너무 저렴한 국내선을 이용하면 수화물 비용이 추가 되어 배보다 배꼽이 커질 수 있다. 필자가 라다크에서 이용한 여행사는 '베스트 라다크'이다. 국내 다큐멘터리 제작팀 다수와 대한산악연맹 청소년 오지 탐사대가 이용한 곳이다. 한국인 담당자가 있어 정확하고 빠르게 처리해준다. 시킴은 Adarsh Tours and Treks&Expedition 여행사를 이용했다. 일 처리가 빠르고 깔끔하며 융통성이 있다.

– 라다크 여행사 : www.BestLadakh.com / 이메일 juyong@bestladakh.com
– 시킴 여행사 : www.trekkingsikkim.com / 이메일 sikkimtour@gmail.com

● 비용

히말라야 트레킹은 어떤 곳을, 어떤 방식으로 가느냐에 따라 금액 차이가 크다. 순수 트레킹 비용만 따졌을 때 하루에 30달러면 되는 곳이 있고, 300달러 이상 필요한 곳도 있다. 인도 현지 여행사인지 국내 여행사인지에 따라서도 다르다. 전자는 상대적으로 저렴하지만, 서류를 비롯해 본인이 챙겨야 할 것이 많다. 현지에서도 각자 책임하에 여행한다는 것을 명심해야 한다. 입맛이 까다롭고 서비스에 대한 기대가 높은 사람이라면 국내 여행사를 권한다. 라다크는 여행자가 직접 준비할 수 있는 짧은 트레킹 코스가 여럿 있다. 네팔처럼 편의 시설이 잘되어 있는 편이라 백패킹 또는 홈스테이·게스트하우스 이용이 가능하다. 하지만 라다크에서도 오지인 잔스카르라면 사정이 다르다. 숙박 시설이 거의 없고 마을을 만나기 쉽지 않다. 장기 트레킹이라면 먹고 자는 모든 것을 준비해야 한다. 길을 잘 아는 현지 스태프들은 물론 식량 보급에도 차질이 없어야 한다. 무엇보다 이런 부분을 매끄럽게 진행해줄 수 있는 현지 여행사가 필요하다. 따라서 현지 여행사에서 제공되는 장비 목록과 서비스, 허용되는 짐의 무게 등을 꼼꼼히 살펴야 한다. 여행사를 결정하기 전 몇몇 여행사에 비교 견적을 받아보는 것도 필요하다.

국내 여행사 중에는 필자가 다녀온 라다크 일정을 진행하는 곳이 없다. 여정이 길어질수록 위험하기도 하고, 끝까지 걷는 게 쉽지 않아서다. 라다크 지역을 50일 정도 걸으려면 현지 여행사에 연락하는 것이 가장 좋다. 비용을 감당할 수 있고 체력도 괜찮다면 혼자 스태프들과 다니는 것도 가능하다.

시킴 서부는 국내 여행사 상품이 있지만, 북부는 현지 여행사를 통해야 한다. 북부는 중국 국경과 가까워 외국인의 출입이 매우 까다로운 곳이다. 혼자서는 갈 수 없고 반드시 3인 이상이어야 한다. 이마저도 현지 여행사를 통해서만 허가받을 수 있다. 준비해야 할 서류도 많고 비용도 만만치 않다.

필자의 경우 라다크는 7명 48일 일정에 1인당 약 420만 원이 소요되었다. 시킴 북부는 3명 21일 일정에 1인당 약 3,500달러가 들었다. 시킴 서부에서의 10일 일정에는 혼자 2,000달러를 썼다. 여행자가 한 명이든 세 명이든 필요한 스태프 숫자가 같기 때문이다. 참고로 여행 경비에는 항공료, 인건비, 식비, 팁, 공통경비, 교통비 등을 모두 포함했다.

● 준비과정(필자 기준)

장거리 트레킹을 선호하는 필자는 일단 가고 싶은 곳이 있으면 지도에 코스를 그린다. 그다음 현지 여행사에 해당 지도를 보내 실제로 가능한지 확인한다. 확인이 끝나면 도로 등을 피해 구체적인 일정을 만든다(일정은 필자가 직접 만들거나 여행사에 의뢰한다). 위험 지역과 주의할 곳은 현지 여행사와 상의한다. 그리고 해당 지역이 가장 아름다운 시기를 골라 날짜를 정하고 항공편을 알아본다.

동행을 구할 때는 히말라야 트레킹 경험자만 받는다. 고산 경험이 없으면 현지에서 자신을 살피기 어렵고, 부족한 경험만큼 불만이 생길 가능성이 높다. 히말라야에서 몇 차례 불미스러운 일을 겪은 뒤로 음주와 흡연 여부도 확인한다. 마지막으로 출발 전 국내에서 예비 모임을 통해 얼굴을 익히고 필요한 규칙을 공유한다. 트레킹 허가 등 관련 서류는 필자가 챙겨 현지 여행사에 보낸다.

● 고소증

고도의 상승으로 기압이 낮아지고 산소량이 감소하면서 나타나는 증상이다. 보통 3000미터 전후에서 증상이 나타나고, 4000미터가 넘어가면 심해진다. 대기 중 산소량은 3000미터 68%, 4000미터 60%, 5000미터 53%, 8000미터 36%이다.

고소증은 일반적으로 부종, 두통, 호흡 곤란, 심박 증가, 혈액 순환 장애, 구토, 설사, 복통, 근육통, 식욕 저하, 소화 불량, 무기력, 불면증, 히스테리, 거친 꿈 등으로 다양하게 나타난다. 이중 가장 흔하게 나타나는 증상은 부종, 두통, 호흡 곤란이다. 구토 증상까지 발생하면 위험 수준이다. 폐에 물이 차는 폐수종이나 뇌에 물이 차는 뇌수종이 발생하면 사망에 이를 수 있다.

낮에는 증상이 없다가 밤에 심각해지기도 한다. 평소 몸 상태와 다르다고 판단되면 가이드 등에게 알려서 적절한 조치를 받아야 한다. 증상이 심해지면 즉시 하산해야 하고 심각하면 헬기를 불러야 한다.

– 충분한 휴식을 하며 천천히 고소에 적응하는 게 가장 좋은 방법이다. 일정한 속도로 숨이 차지 않게 걷는다. 고소 적응은 천천히 걷는 사람이 가장 유리하고, 빨리 걷고 빨리 움직이는 사람이 가장 불리하다.

– 하루에 3~4리터의 물을 충분히 마셔주는 게 좋다. 산소가 적은 고산에서는 호흡량이 많아진다. 건조한 공기와 기압의 저하가 수분 손실의 주된 이유다. 수분이 부족하면 혈액의 점도가 증가해 혈액 순환이 원활치 않다. 따뜻한 물이 좋으며 신진대사가 원활할수록 고소 적응에도 유리하다.

– 적응되기 전까지 하루에 500미터 이상 올리지 않는다. 4000미터 전후로 고소 적응을 위해 하루쯤 휴식하는 게 좋다. 휴식할 때도 천천히 움직여준다. 그날 머무는 장소보다 높은 곳에 다녀오면 좀 더 수월하게 적응할 수 있다.

– 체온을 유지한다. 몸을 따뜻하게 하고 잘 때도 모자를 써 보온에 신경 쓴다. 고소 적응 전에는 몸을 씻는 것도 금물이다.

– 고산에서는 소화가 잘되지 않는다. 한꺼번에 많이 먹는 것보다 조금씩 자주 먹는다. 음식은 혈액 속 산소 포화도를 올릴 수 있는 고(高) 탄수화물(밥, 빵, 과일, 감자 등)을 섭취하는 게 좋다.

– 담배와 술은 도움이 되지 않는다. 담배는 심폐 기능에 부정적 영향을 미친다. 술은 호흡 속도를 늦추고 심장에 무리를 준다. 알코올을 분해하느라 간의 피로 해소 기능도 저하된다.

– 고소증 관련 처방 : 두통약(아스피린, 타이레놀 등), 다이아목스(이뇨제. 부작용으로 손발이 저리는 증상이 있음. 처방전 필요), 비아그라(사람에 따라 효과와 부작용 다름. 처방전 필요), 식염 포도당(염분과 전해질 보충에 도움) 등이다.

● 준비물

※ 환전 : 100달러가 현지 환전에 유리하다. 팁은 현지 화폐로 지급한다.

※ 여권 분실 대비 : 여권 사본 2장(A4 그대로)과 여권 사진 2장을 따로 보관한다.

※ 신용카드 : 비상용으로 해외에서 사용 가능한 카드로 준비한다.

※ 비자 신청 : 출발 전 한국에서 미리 발급받거나 현지에서 도착 비자를 받는다.

○ 인도 비자(여행사 대행 가능)

① 전자비자(2022년 기준)

- 비자 종류 : 30일, 1년, 5년

- 비자 요금 : 30일(4~6월) $10, 30일(7~3월) $25, 1년 $40, 5년 $80.

　해외 결제 가능한 신용카드 필요(결제수수료 2.5%)

- 신청 시기 : 여행 출발 29일~입국 4일 전

- 유효기간 : 비자가 승인된 날부터 30일 안에 입국

- 체류 기간 및 입국 횟수 : 30일-2회, 1년/5년-입국할 때마다 최대 90일.

　유효기간 내 횟수 제한 없음

- 서류 : 사진(JPGE형식, 350*350, 10KB~1MB), 여권 사본(PDF파일, 10KB~

　300KB), 영문여행계획서

- 전자비자 신청 사이트 : https://indianvisaonline.gov.in/evisa/tvoa.html

② 도착비자(2022년 기준)

- 발급 공항 : 델리, 뭄바이, 첸나이, 콜카타, 하이데라바드, 방갈로르

- 비자 수수료 : 2000 인도 루피 또는 미화 40 달러 상당

　(카드 결제가 가능하나 고장이 잦으므로 현금 준비)

- 체류 기간 및 입국 횟수 : 60일(유효기간 내 2회 입국 가능)

- 여권에 남은 유효기간이 6개월 이상이어야 한다.

- 빠른 발급을 위해 도착비자 신청서는 사전에 작성한다.

- 여권에 도착비자 스탬프와 입국 확인 스탬프 날인 여부를 반드시 확인한다.

───────────────《 트레킹 용품 준비 》───────────────

※ 히말라야에서는 사계절용 등산복과 장비가 모두 필요하다.

※ 장기 트레킹인 만큼 모든 준비물을 독립적으로 준비해야 서로 불편함이 없다.

※ 짐의 무게는 1인당 25킬로그램을 넘지 않도록 한다(현지 여행사마다 기준이 다르므로 확
  인 필요).

○ **카고백/배낭/보조 가방**

– 카고백 : 100리터 이상 되어야 넉넉하게 수납하기 좋다. 내부를 대형 비닐로 감싼 후 짐을 정
  리하면 방수 효과가 있고 오염을 방지할 수 있다.

– 작은 카고백 : 일정이 길어질 때 중간에 짐을 보관할 용도로 필요하다.

– 당일 배낭 : 40리터 전후의 배낭이 요긴하다. 카고백과 마찬가지로 가방 안을 비닐로 감싸는
  게 좋다. 걸을 때는 5~6킬로그램 정도의 무게가 적당하다.

– 배낭 커버 : 바람에 날아가지 않도록 고정할 수 있는 커버가 좋다.

– 보조 가방 : 여권이나 돈 등 중요한 물품을 넣고 다닐 용도로 필요하다.

○ **등산화 외**

– 중등산화 : 장거리 트레킹은 발목까지 올라오는 중등산화에 딱딱한 비브람창이 좋다. 깔창
  과 등산화 끈을 여분으로 준비한다. 등산화가 불안하다면 예비 등산화를 준비하길 권한다.
  오래된 등산화는 밑창이 떨어질 수 있다.

– 슬리퍼 : 기내, 현지 투어, 샤워 시 편리하다.

– 운동화 또는 경등산화(예비용) : 필요한 사람은 따로 챙겨간다.

– 등산화 왁스 : 장기 트레킹 시 등산화 관리를 위해 필요하다(비닐장갑 필요).

– 스패츠, 아이젠, 스틱 한 쌍 : 필수

– 무릎 보호대 : 예방 및 비상용으로 준비

○ **등산복 : 세탁을 자주 하지 못하므로 현지 및 개인 상황에 맞게 준비한다.**

– 등산복 상의 : 여름용 긴팔2, 반팔2(+팔토시), 겨울용2

– 등산복 하의 : 여름용 긴바지3, 반바지1, 가을용1

– 기능성 내복 : 상 · 하 1~2벌(여름옷+내복=가을옷/가을옷+내복=겨울옷)

– 기능성 속옷 : 빨리 마르는 기능성 속옷으로 여유 있게 준비한다.

– 우모복 상의 : 두꺼운 것보다 경량 다운 재킷 2개가 유용하다. 1개는 필수로 배낭에 넣고 다닌다.

– 우모복 하의 : 얇은 것으로 준비한다. 빙하에서 야영할 때 따뜻하게 지낼 수 있다.

– 바람막이 : 바람이 불 때 유용하다. 평소 배낭에 넣어 다닌다.

– 비옷 : 상 · 하 분리된 것이 좋다. 추울 때 덧입을 수 있다(고어텍스 재킷과 바지).

– 등산 양말 : 4~5켤레. 울, 야크 털 등의 소재로 준비한다.

– 버프(멀티스카프) : 2개. 체온 유지 및 바람이나 햇빛 차단에 필요하다.

○ **모자/장갑/수건**

– 챙 넓은 모자 : 햇빛과 빗물(눈)을 차단할 수 있다. 히말라야는 자외선이 강하다.

– 보온용 털모자 : 2개 정도. 고지대에서 꼭 필요하다.

– 장갑 : 여름용1, 가을용1, 겨울용1

– 수건, 손수건 : 잘 마르는 소재로 챙긴다. 저지대는 더워서 땀을 많이 흘린다.

○ **야영 장비**

– 텐트 : 1인 1텐트. 현지 여행사가 준비한다.

– 매트리스 : 여행사에서 준비하지만 은박 돗자리 정도 챙겨가면 좋다.

– 침낭 : 충전재 1200~1500그램 정도의 동계침낭이 필요하다.

– 베개 : 필요할 경우 에어 베개를 챙기거나 옷 가방을 이용한다.

– 핫팩 : 추위를 많이 타는 사람은 4000미터 이상에서 야영하는 날짜만큼 준비한다.

○ 트레킹 시 필요한 장비

– 헤드 랜턴 : 여유분으로 하나 더 챙긴다(건전지 또는 보조 배터리 포함).

– 선글라스 : 자외선이 강하므로 짙은 색이 필요하다. 반드시 여유분을 하나 더 준비한다.

– 손목시계 : 고도시계 등. 트레킹 시 핸드폰보다 시간 확인에 유용하다.

– 물통 1리터 2개+커버 : 추울 때 따뜻한 물을 부어 침낭 안에 넣고 자면 좋다.

– 휴대용 정수기 : 가축을 방목하는 곳은 물이 좋지 않을 수 있다.

– 야외용 방석 : 중간에 휴식할 때 유용하다.

– 우산 : 가벼운 3단 우산 정도 챙긴다. 날씨가 더울 때 요긴하다.

○ 카메라/메모리/배터리(인도 전압 : 230V)

– 카메라 및 메모리 : 트레킹 시 미러리스 카메라 정도가 덜 부담스럽다.

– 배터리 : 충전이 여의치 않으니 여유 있게 준비한다. 휴대용 보냉팩에 보관하면 기온이 떨어질 때 방전되는 것을 방지할 수 있다.

– 보조 배터리 : 10000mAh 2개(용량 표시가 없으면 공항 검색대에서 압수될 수 있다).

– USB 케이블 : 이동하면서 망가질 수 있으니 여유 있게 준비한다.

– 카메라 충전기 : USB 케이블로 충전 가능한 제품이 유용하다.

– 태양광 충전기 : 충전할 곳이 거의 없으므로 챙겨가면 도움이 된다.

– 오디오북, 음악, 영화 등 : 개인 시간이 많다. 무료함을 달랠 것들을 준비한다.

○ 세면/세탁

– 칫솔, 치약 : 장기 트레킹일 경우 여유분을 준비한다.

– 클렌징 티슈 : 선크림 지우는 용도로 일정에 맞게 준비한다.

– 비누, 샴푸 : 씻을 곳이 많지 않으나 호텔이나 로지에서 필요할 수 있다.

– 빨래비누 : 여건이 되면 빨래를 해두는 게 좋다(가루비누는 환경오염 문제가 있다).

– 빨래집게 또는 큰 옷핀 : 빨래 널 때 요긴하다.

- 빨랫줄 : 등산용 끈이나 튼튼한 노끈을 준비한다. 활용도가 높다.
- 세탁소 철제 옷걸이 : 몇 개 챙기면 빨래 널 때 편하다.
- 고무장갑 : 고산에선 물이 차갑다.

○ 화장품 및 위생용품
- 보습크림 : 자외선이 강하고 건조하므로 반드시 준비한다.
- 입술크림 : 고산에서 입술이 갈라지면 식사할 때 고생한다.
- 선크림 : SPF50+, PA+++ 등 차단 지수가 높은 것으로 준비한다.
- 코인 티슈/물티슈 : 씻을 여건이 좋지 않다. 날짜에 맞춰 필요한 양만큼 준비한다.
- 화장지 : 여행사에서 챙겨주지만, 일정에 맞게 개인적으로 준비하는 게 편하다.
- 생리대(여성)/면도기(남성) : 필요한 경우 준비한다.

○ 간식류
- 간식(육포/초콜릿/사탕/소시지/미숫가루/껌 등) : 취향대로 준비한다.
- 음료(커피, 홍차, 주스, 밀크티 등) : 현지 여행사가 제공한다.
- 끓인 물을 그냥 마시기 부담스러우면 둥굴레차 등을 챙겨간다.
- 부식 : 짐 무게에 여유가 있으면 고추장, 된장, 마른 미역, 북어포, 누룽지, 김, 김자반, 절임 반찬, 카레/짜장 가루, 라면 등을 챙긴다. 입맛을 잃을 때 큰 도움이 된다.

○ 비상약 : 현지 스태프에게도 필요하므로 넉넉히 챙긴다.
- 지사제 : 물 사정이 좋지 않아 설사로 고생하는 일이 많다. 좋은 약으로 준비한다.
- 유산균 : 장이 민감한 사람은 유산균을 넉넉히 준비하여 꾸준히 복용한다. 설사가 심힐 때도 도움이 된다.
- 두통약, 감기약, 소화제, 항생제, 소염진통제, 파스, 근육이완제, 입술포진연고, 고소증 예방약(다이아목스, 비아그라 등), 상처 연고, 밴드(크기별), 반창고, 붕대 등 상비약을 준비한다.

– 피로회복제(비타민B군) : 체력적으로 무리가 따르는 트레킹이므로 챙길 것을 권한다.

– 비타민C : 신선한 과일과 채소가 부족할 수 있으니 챙겨간다.

– 물파스 : 벌레에 물렸을 때 필요하다(스프레이 형태는 수화물 처리 불가).

○ 기타

– 수첩, 필기구 : 필요한 경우 여행 기록용으로 준비한다.

– 자물쇠 : 번호 자물쇠가 좋고 이동 시 필요하다(여유분 필요).

– 손톱깎이, 반짇고리, 라이터(비상용으로 준비. 항공사별 기준이 다르므로 확인 필요)

– 큰 비닐봉지 : 빨래 및 등산화 등을 넣을 때 좋다.

– 지퍼 백(크기별로) : 소소한 물건 및 남은 음식을 담을 때 유용하다.

– 다용도 칼 : 비상용으로 준비한다.

부록2. 거칠부의 북인도 히말라야 트레킹 전체 일정

지역	일	일정	숙박	시간	Km	걸음 수
	1	인천 – 델리Delhi	–	–	–	–
	2	델리 – 레Leh [Air India, 06:45-08:20] : 국내선	호텔	–	–	–
	3	레 휴식(남갤체모곰파Namgyal Tsemo Gompa)	호텔	–	–	–
	4	레 – 님무Nimmu – 알치곰파Alchi gompa – 문랜드 Moon Land – 라마유루곰파Lamayuru gompa(3,400) : 차량	캠핑	–	–	–
	5	라마유루 – 프링키티라Pringkiti La(3,750) – 쉴라Shilla(3,200)	캠핑	2:20	8.7	12892
	6	쉴라 – 쉴라콩Shillakong(4,100)	캠핑	7:00	22.0	32,444
	7	쉴라콩 – 욕마라Yokma La(4,700) – 칸지Kanji(3,850)	캠핑	5:00	16.3	21,937
	8	칸지 – 칸지라 베이스캠프Kanji La BC(4,300)	캠핑	6:25	17.9	25,874
	9	칸지라 베이스캠프 – 칸지라Kanji La(5,250) – 칸지숨도Kanji Sumdo(4,150)	캠핑	5:35	16.7	25,049
라다크 잔스카르	10	칸지숨도 – 피퉁라Pitung La(5,000) – 피퉁라 베이스캠프Pitung La BC(4,550)	캠핑	2:00	8.1	11,299
	11	피퉁라 베이스캠프 – 디브링Dibling(3,900)	캠핑	–	–	–
	12	디브링 휴식	캠핑	3:30	13.7	17,892
	13	디브링 – 링쉐드숨도Lingshed Sumdo(3,700)	캠핑	3:20	11.2	17,667
	14	링쉐드숨도 – 패스 – 스콰즈Squaz(3,750)	캠핑	4:10	13.5	21,861
	15	스콰즈 – 징찬Zingchan(3,400)	캠핑	4:40	16.4	25,174
	16	징찬 – 파르피라Parfi La(3,900) – 하누밀Hanumil(3,450)	캠핑	4:20	17.0	25,302
	17	하누밀 – 피그모Pigmo(3,420) – 장라Zangla(3,450)	캠핑	–	–	–
	18	장라 휴식, 파듐Padyum 방문	캠핑	3:50	13.0	17,779
	19	장라 – 장라숨도Zangla Sumdo(3,800)	캠핑	7:00	22.0	32,444
	20	장라숨도 – 독사Doksa(4,200)	캠핑	3:50	11.1	17,134
	21	독사 – 판당라Pandang La(5,150) – 야린춘Yarinchun(4,510)	캠핑	4:45	12.1	15,130

지역	일	일정	숙박	시간	Km⁺	걸음 수
	22	야린춘 – 패스 – 닝리Ningri(4,350)	캠핑	4:30	13.9	18,571
	23	닝리 – 샤데패스Shade Pass(4,820) – 샤데Shade Village(4,200)	캠핑	5:20	13.2	19,265
	24	샤데 휴식	캠핑	–	–	–
	25	샤데 – 날로쿤체라 베이스캠프Nyalo Kuntse La BC(4,400)	캠핑	4:30	14.1	19,768
	26	날로쿤체라 베이스캠프 – 날로쿤체라Nyalo Kuntse La(4,800) – 고턴타라Gothurstar La(5,150) – 호모체Hormoche(3,950)	캠핑	6:50	18.9	26,976
	27	호모체 – 사탁Satak(4,000)	캠핑	4:30	15.2	19,176
	28	사탁 – 초멧식Tsomeksik(4,100)	캠핑	7:45	23.5	36,108
	29	초멧식 – 모랑라Morang la(5,300) – 탁스타고Takstago(4,550)	캠핑	7:00	17.1	20,326
	30	탁스타고 휴식	캠핑	–	–	–
라다크 창탕고원	31	탁스타고 – 봉라Bong La(4,400) – 자북욕마Zhabuk Yokma(4,350)	캠핑	6:10	19.5	27,934
	32	자북욕마 – 야강Yagang – 자라Zara(4,600)	캠핑	6:00	23.3	31,935
	33	자라 – 디브링Dibring – 퐁구나부Pongunabu(4,650)	캠핑	4:20	17.3	23,533
	34	퐁구나부 – 초카르호수Tsho Kar Lake – 누루첸Nuruchen(4,700)	캠핑	4:15	16.5	23,390
	35	누루첸 – 호르람콩카Horlam Kongka(4,900) – 라중카루Rajung Karu(4,920)	캠핑	3:00	10.2	15,397
	36	라중카루 – 카마유리라Kyamayuri La(5,400) – 카체라Khachela(5,341) – 가마Gyama(5,144)	캠핑	4:50	15.0	20,040
	37	가마 – 얄룽나우라Yalung Nyau La(5,440) – 코르족Korzok(4,550)	캠핑	5:40	21.0	30,890
	38	코르족(초모리리호수) 휴식	캠핑	–	–	–
	39	코르족 – 키앙돔Kiangdom(4,550)	캠핑	6:05	22.5	32,641
	40	키앙돔 – 누르부숨도Nurbu Sumdo(4,550)	캠핑	3:40	14.6	20,979
	41	누르부숨도 – 캠프(4,560)	캠핑	3:20	11.4	16,956
	42	캠프 – 겟파부작Getpabuzak(4,600) – 타랑욕마Tarang Yokma(4,750)	캠핑	5:50	20.0	29,709

지역	일	일정	숙박	시간	Km	걸음 수
	42	캠프 – 겟파부작Getpabuzak(4,600) – 타랑욕마Tarang Yokma(4,750)	캠핑	5:50	20.0	29,709
	43	타랑욕마 – 파랑라 베이스캠프Parang La BC(5,050)	캠핑	4:00	13.9	20,666
	44	파랑라 베이스캠프 – 파랑라Parang La(5,550) – 탈탁Thaltak(4,400) – 패스 – 키버Kibber(4,100)	캠핑	12:00	29.2	40,613
	45	키버 휴식, 키 곰파Key gompa 방문	캠핑	–	–	–
	46	키버 – 로사르Losar – 쿤줌라Kunzum La(4,551) – 로탕패스Rohtang Pass(3,980) – 마날리Manali : 차량	호텔	–	–	–
	47	마날리 휴식	호텔	–	–	–
	48	마날리 – 델리 : 차량 이동	호텔	–	–	–
북부시킴 라바라패스 그린레이크	49	델리 – 바그도그라Bagdogra : 국내선 / 다즐링Darjeeling : 차량	호텔	–	–	–
	50	다즐링 – 갱톡Gangtok(1,677)	호텔	–	–	–
	51	갱톡 휴식	호텔	–	–	–
	52	갱톡 – 망간Mangan – 충탕Chungthang – 라충Lachung(2,600) : 차량 7시간	로지	–	–	–
	53	라충 – 유메삼동Yume Samdong(4,790) – 융탕Yumthang(3,659) : 차량 4시간	캠핑	–	–	–
	54	융탕 – 체탕Tsethang(4,240)	캠핑	3:15	9.1	9,762
	55	체탕 – 라바라패스Lavala Pass(4,657) – 스노라이언 케이브캠프 Snowlion Cave Camp(4,300)	캠핑	3:15	7.4	7,741
	56	스노라이언 케이브캠프 – 타룸온천Tarum Hot Spring(3,000)	대피소	7:30	16.9	25,379
	57	타룸온천 – 타룸브릿지Tarum Bridge(2,264) / 라첸Lachen(2,730) : 차량 30분	호텔	1:50	5.3	9,078
	58	라첸 휴식	호텔	–	–	–
	59	라첸 – 제마Zema : 차량 20분 / 탈렘Tallem(3,240)	캠핑	3:40	9.0	15,266
	60	탈렘 – 작탕Jakthang(3,430)	캠핑	2:00	5.5	8,745
	61	작탕 – 야북Yabuk(4,040)	캠핑	3:30	9.2	14,707

지역	일	일정	숙박	시간	Km	걸음 수
	62	야북 휴식	캠핑	-	-	-
	63	야북 – 소나캠프Sona Camp(4,115) – 레스트캠프Rest Camp(4,571)	캠핑	4:00	8.5	16,250
	64	레스트캠프 – 그린레이크Green Lake(4,783) – 레스트캠프	캠핑	4:20	10.5	15,792
	65	레스트캠프 – 야북	캠핑	2:30	7.8	12,347
	66	야북 – 작탕 – 탈렘	캠핑	3:30	14.5	19,709
	67	탈렘 – 제마 / 라첸 : 차량 20분	호텔	2:00	7.1	13,118
	68	라첸 – 갱톡 : 차량 6시간	호텔	-	-	-
	69	갱톡 휴식	호텔	-	-	-
서부시킴 종그리탑 고에차라	70	갱톡– 육솜Yuksom(1,780) : 차량	호텔	-	-	-
	71	육솜 – 사첸Sachen(2,189) – 바킴Bakkhim(2,590) – 초카Tshoka(3,050)	대피소	3:45	17.5	29,089
	72	초카 – 페당Phedang(3,650) – 종그리Dzongri(4,030)	캠핑	3:30	8.6	13,564
	73	종그리 – 종그리탑Dzongri Top(4,170) – 종그리	캠핑	0:50	1.8	3,188
	74	종그리 – 탕싱Thangshing(3,930) – 라무네Lamune(4,220)	캠핑	4:00	13.0	19,120
	75	라무네 – 사미티호수Samiti Lake – 고에차라 뷰포인트Goecha La View Point(4,500) – 라무네Lamune – 콕초롱Kockchorong(3,688)	캠핑	4:10	13.7	21,128
	76	콕초롱 – 페당 – 초카	캠핑	3:30	11.8	19,996
	77	초카 – 바킴 – 육솜	캠핑	3:40	14.2	21,976
	78	육솜 휴식, 둡디곰파Dubdi Gompa, 노르부강곰파Norbugang Gompa 방문	호텔	-	-	-
	79	육솜 – 실리구리Siliguri – 파니탄키Panitanki(Check out) – 카카르비타KaKarbita(Nepal Visa) : 차량 / 네팔 바드라푸르Badrapur – Nepal : 국내선	합	-	757.98	1,102,286

단행본

『Trekking in the Indian Himalaya』Garry Weare, Lonely Planet, 2009

『거칠부의 환상의길, 파키스탄 히말라야』거칠부, 책구름, 2021

『걷는 고래』J.G.M.한스테비슨, 김미선 옮김, 뿌리와이파리, 2016

『걷는 독서』박노해, 느린걸음, 2021

『길은 모두에게 다른 말을 건다』김진세, 이봄, 2016

『나는 계속 걷기로 했다』거칠부, 궁리, 2018

『나는 나』캐럴 피어슨, 류시화 옮김, 연금술사, 2020

『눈표범』실뱅 테송, 김주영 옮김, 북레시피, 2020

『달라이라마와 함께 지낸 20년』청전, 지영사, 2006

『당신, 전생에서 읽어드립니다』박진여, 김영사, 2015

『대단한 지구여행』윤경철, 푸른길, 2011

『등산상식사전』이용대, 해냄, 2010

『라다크, 그리운 시절에 살다』최용건, 푸른숲, 2004

『라다크에서 찾은 부처』앤드류 하비, 연호택 옮김, 2001

『문명으로 읽는 종교 이야기』홍익희, 행성B, 2019

『법구경 담마파다』전재성, 한국빠알리성전협회, 2008

『부탄(BHUTAN)』단정석, 두르가, 2016

『시킴 히말라야』임현담, 종이거울, 2004

『안녕, 다람살라』청전, 운주사, 2020

『영혼을 품다, 히말라야』박경이, 도트북, 2021

『오래된 미래』헬레나 노르베리 호지, 양희승 옮김, 중앙북스, 2015

『인도와 파키스탄』조길태, 민음사, 2009

『지리의 힘』팀 마샬, 김미선 옮김, 사이, 2016

『카시미르&라다크 트레킹上』리릭, 지식과감성, 2020

『티베트 방랑』후지와라 신야, 이윤정 옮김, 작가정신, 2010

『티베트 우화』진현종 옮겨 엮음, 청어람미디어, 2003

『티베트 천장, 하늘로 가는 길』심혁주, 책세상, 2008

『티벳속으로』여동완, 이레, 2000

『티벳에서의 7년』베키 존스톤, 박천기 옮김, 맑은소리, 1997

『하늘의 땅 사람의 땅』남수연, 종이거울, 2013

『한 달쯤, 라다크』김재은, 허지혜, 봄엔, 2013

『히말라야 도전의 역사 Fallen Giants』모리스 이서먼 · 스튜어트 위버, 조금희 · 김동수 옮김, 하루재클럽, 2015

『히말라야 식물대도감』요시다 도시오, 박종환 옮김, 김영사, 2008

잡지

[월간 산] 거칠부 다이어리 2021년 4월 호 〈네팔 술 이야기〉

[월간 산] 거칠부 다이어리 2021년 10월 호 〈히말라야의 동물 짐꾼들〉

방송

EBS 세계테마기행, 라다크 2부 천상의 호수 초모리리

EBS 세계테마기행, 히말라야의 동물들, 네팔에 반하다

KBS 파노라마, 히말라야 人 천상의 길 창탕

웹 사이트

베스트 라다크 https://blog.naver.com/bestladakh

라다크 여행정보 http://trek.pe.kr/Ladakh_info_sumi/0-Ladakh_info.htm

[네이버 지식백과] 시킴 [Sikkim] (세계지명 유래 사전, 2006. 2. 1. 송호열)

[네이버 지식백과] 시킴주 [Sikkim] (두산백과)

[네이버 지식백과] 레 왕궁 [Leh Palace] (두산백과)

[다음백과] 시킴 https://100.daum.net/encyclopedia/view/b13s2263a

[위키백과] 라다크 https://ko.wikipedia.org/wiki/%EB%9D%BC%EB%8B%A4%ED%81%AC